I0199775

SKYEN OVER HELLIGDOMMEN

AV

KARL VON ECKARTSHAUSEN

OVERSATT OG INTRODUSERT

AV RUNE ØDEGAARD

KRYSTIANIA

Skyen over Helligdommen
© Rune Ødegaard 2014

Utgitt av Krystiania forlag
Oslo, Norge

Førsteutgave 2014

Omslag: Rune Ødegaard & Joachim Svela
Basert på bildet fra den tyske utgaven fra 1814

ISBN: 978-82-93295-01-3

www.krystiania.com

FORORD TIL DEN NORSKE OVERSETTELSEN

Arbeidet med denne teksten har gått over flere år, og var en gang én av de første tekstene jeg fikk da jeg ble interessert i den vestlige innvielsestradisjonen. Som mange andre før meg, ble også jeg fascinert av Eckartshausens beskrivelser av en metode for en *kongelig kunst*. En kunst som etter sigende skulle kunne gjenopprette menneskets guddommelige kvaliteter. Denne metoden har et særegent systematisk preg, til tross for at målsetningen i langt større grad tilhører religionen enn vitenskapen.

I oversettelsesarbeidet har jeg brukt tre kilder, hvor den viktigste har vært den tyske originalen, utgivelsen fra 1802. Ved siden av denne har jeg også brukt Isabelle de Steigers engelske oversettelse fra 1896 og en upublisert dansk-norsk oversettelse fra begynnelsen av 1900, som ble gjort av en ukjent dansk frimurer i Norge eller Danmark.

Til sammen har dette gjort det mulig å lage en norsk utgave av denne betydningsfulle teksten, som jeg håper vil kunne være til glede for førstegangslesere, men også for kjennere av Eckartshausens tekster.

Rune Ødegaard
Gjøvik, julen 2014

Dedikert til fellesskapet av
gnostikere, martinister, rosaecrucianere,
thelemitter og frimurere
som møttes rundt samme bord i
klosteret i Oslo 2001-2003.

Og til den fremtiden det skapte.

INNLEDNING

SKYEN OVER HELLIGDOMMEN I SAMTIDEN OG FREMTIDEN

Karl von Eckartshausens – et biografisk riss

Karl von Eckartshausen ble født i den bavariske borgen Haimbhausen, den 28. juni 1752. Han var et uekte barn av Grev Karl von Haimbhausen, og siden faren ikke kunne anerkjenne ham som sin sønn, forsøkte han i stedet å bistå sønnen med en god utdannelse. Eckartshausen studerte derfor juss i München.

Etter utdannelsen hjalp faren ham med å få en respektabel jobb som rådgiver ved det bavariske hoffet; et utgangspunkt som la grunnlag for en svært fremgangsrik karriere.

I sitt yrkesaktive liv innen juss og senere kriminologi, brukte han store ressurser for å hjelpe de svake og undertrykte.

Som intellektuell var Eckartshausen engasjert i sin samtids akademiske utvikling og esoteriske strømninger. Sør-Tyskland befant seg i andre halvdel av 1700-tallet i brytningen mellom opplysningstiden og tidlig romantikk. Dette gjorde at hans samfunnsengasjement særlig ble fokusert på spenningen mellom romantikkens og opplysningstidens ideer. Han var en iherdig og uttalt motstander av hva han selv kalte *feilopplysning* - det vil si materialistisk og ateistiske rasjonalisme.

Som forfatter unnlot Eckartshausen flere ganger å oppgi kildene sine, men det er tydelig at han var påvirket av Paracelsus' tekster, Jakob Böhme teosofi, hermetisme og alkymi, samt Georg von Wellings verk *Opus mago-cabbalisticum et theosophicum*. Man kan finne spor av disse forfatterne og tradisjonene i tekstene hans.

Gjennom medlemskap i en tysk frimurerorden hadde han kunnskap om frimureriets symbolspråk og tenkning, denne kunnskapen gjenspeiler seg i hans forfatterskap, også i *Skyen over Helligdommen*.

Eckartshausen skrev flere bøker, teaterstykker og over hundre artikler. Temaene befant seg hovedsakelig innen vitenskap, esoterikk og kristen teosofi.

I sin samtid ble verkene hans lest av for ettertiden kjente personer, som Wolfgang von Goethe, Fredrich Schiller, Kong Karl den 13. av Sverige og Norge, og Johann Gottfried Herder. Han omtales også i Leo Tolstojs roman *Krig og Fred*.

Den 13. mai 1803, døde Eckartshausen i München, etter en periode med sykdom. *Skyen over Helligdommen* ble hans siste og mest kjente verk for ettertiden, ble publisert rett før hans bortgang.

Karl von Eckartshausens påvirkning på Europeiske ordenssamfunn i ettertiden.

Eckartshausen ble først kjent i den engelskspråklige verden gjennom *Skyen over Helligdommen*. Boken ble oversatt av kunstneren og esoterikeren Isabelle de Steiger, og ble utgitt første gang i 1896. Siden Steiger var medlem av den esoteriske ordenen *Hermetic order of the Golden Dawn* i England, fikk hun to ordensfeller, John William Brodie-Innes og Edward Arthur Waite, til å skrive forordet til henholdsvis første og andre utgave av oversettelsen.

Skyen over Helligdommen leses fortsatt av medlemmer av ordenssamfunn som har videreført arven etter *Hermetic order of the Golden Dawn,* og er pensum for medlemmer i *Sodalitas Rosae Crucis,* som er en gren av *Hermetic order of the Golden Dawn* med opphav i Skandinavia.

Ordenenes leder og imperator, bekrefter at teksten inneholder perspektiver fra mange av de vestlige esoteriske ordenstradisjonene. Han sier videre at de seks brevene fortsatt er en viktig kilde for dem som søker mysterienes sannhet og lys.

Grunnleggeren av den thelemiske tradisjonen, Aleister Crowley (1875-1947), som også var medlem av *Hermetic order of the Golden Dawn,* skrev følgende om *Skyen over Helligdommen* i sin anmeldelse av boken i tidsskriftet *Equinox:*

> "Det var denne boken som først gjorde meg oppmerksom på at det eksisterer en hemmelig og mystisk forsamling av hellige personer. Dette førte til at jeg bestemte meg for å dedikere hele livet og all min kraft til å bli verdig å tre inn i deres sirkel.
>
> *-The Equinox 5 (Vol. I, No. 3)*

Tidligere leder av *Ordo Templi Orientis* i Oslo, på begynnelsen av totusentallet, sier at *Skyen over helligdommen* er en av de viktigste før-crowleyanske tekstene i thelemisk tradisjon.

Crowley ble så imponert over teksten at han gjenfortalte den i sin egen form i *An Account of the A.'.A.'.* I Crowleys versjon ble blant annet Jesus, som Eckhartshausen beskrev som lederen for den indre kirken, erstattet med ham selv.

Eckartshausen var også viktig for den franske tradisjonen som kalles *martinisme* gjennom frimureren og filosofen Louis Claude de Saint-Martin (1743 – 1803). Han ble introdusert for Eckartshausens tanker gjennom hans tilhenger Baron de Liebistorf Kirchberger. Saint-Martin og Kirchberger hadde en omfattende brevveksling der førstnevnte inspireres av baronens presentasjon av Eckartshausens teorier. Dette har bidratt til at Eckartshausen, og særlig *Skyen over Helligdommen*, har blitt videreførte blant Saint-Martins arvtakere.

Tidligere stormester Lucius de la Croix, i marinistordenen *Order Reaux Croix*, bekrefter at målsetningen med arbeidet i martinistorden er sammenfallende med målsettingene som presenteres i *Skyen over Helligdommen*. Han sier at dette sannsynligvis er grunnen til at denne boken fortsatt er veldig populær blant martinister i dag.

I Russland ble Eckartshausens tekster trykket av den store opplysningsmannen, frimureren, martinisten og rosaecrucianeren Nikolai Novikov, og spredt i hele det russiske imperiet. Tsar Alexander I var også selv en ivrig tilhenger av hans verker.

Kong Karl den 13. av Sverige og Norge, grunnleggeren av den svenske frimurerriten, som er det største frimurersystemet i Skandinavia i dag, lot seg også inspirere av Eckartshausens verk. Han fikk Eckartshausens store verk om esoterisk teori og praksis, *Nyckeln till Magien*, oversatt til svensk. Den finnes i dag i frimurerordenens svenske storloge.

Skyen over helligdommen har vært en svært viktig kilde til inspirasjon for mange søkende mystikere og initierte, og vil trolig fortsette å være det i fremtiden.

HOVEDTEMATIKKEN I SKYEN OVER HELLIGDOMMEN

I brevene som utgjør *Skyen over Helligdommen* er det tre tema som Eckartshausen særlig vektlegger, og som ser ut til å være hovedgrunnen til at han har skrevet disse tekstene.

Det første tema er at det eksisterer en sannhet eller et mysterium, som er uavhengig av alle organisasjoner og perspektiver.

Det andre store tema er beskrivelsen av hvordan dette mysteriet omhandler gjenforeningen av Gud og mennesket.

Det tredje tema er at det finnes en metode for å oppnå denne gjenforeningen.

Jeg vil nå kort ta for meg hvert av disse temaene, og innleder hver av dem med et lite sitat fra selve teksten.

Sannheten hinsides alle organisasjoner

> "Vi må imidlertid ikke tro at dette er et hemmelig selskap som møtes til bestemte tider, og som velger sine ledere og medlemmer. Alle selskaper, uavhengig av hvem de er, kan bare være en gjengivelse av denne indre opplyste sirkelen. Dette selskapet kjenner ingen av de formalitetene som hører til de ytre kretsene."

Eckartshausen beskriver en ytre og en indre kirke. Den ytre er en metafor for alle former for mer eller mindre organiser religiøs virksomhet. Dette er religionene og livssynsretningene slik vi kjenner dem, og ordenssamfunnene med sine gradssystemer og pedagogikk. Den indre kirken er ikke en organisasjon som sådan, men et felleskap av alle som er i besittelse av mysteriet som gjør at man kan realisere en indreform for fullendelse. Dette mysteriet, eller selve sannheten, som

Eckartshausen sier, gis forskjellige uttrykk når det forklares eller forsøkes formidlet gjennom det ytre religiøse språket.

Det er med andre ord ikke noe medlemskap, noe opptak for å kunne ta del i den indre kirken, samtidig som at de som tar del i dette fellesskapet er fullstendig klare over at de gjør det, og vil også rimelig enkelt kunne avklare om andre også gjør det. Det er ikke snakk om hemmelige tegn eller passord. Det er heller slik at man ikke kan ta del i dette mysteriet uten av det forandrer noen fundamentale perspektiver.

Gjenforeningen av mennesket med Gud

> "Snart vil tiden være inne for dem som søker Lyset. Dagen vil komme da det gamle blir forent med det nye; det ytre med det indre, det høyere med det lavere, hjertet med hjernen, og mennesket med Gud, og dette vil skje nå."

Målet med det som Eckartshausen beskriver i denne boken, er å fortelle at det er mulig å forene mennesket med Gud. Han forklarer ikke direkte hvordan det gjøres, men at det er mulig. Han forteller imidlertid at dette målet henger sammen med den rette forståelsen av sammenhengen mellom Gud, mennesket og naturen. Han forklarer også at hvordan dette gjøres, ligger skjult i de ytre kirkenes symboler og seremonier; så det er bare å banke på, for den som kan finne døren. Veien er imidlertid også en del av selve målet.

Den Kongelige kunsten, eller Metoden.

"Religiøs bruk av vitenskapelig metode. Dette er doktrinen som forkynner gjenforeningen av Gud og mennesket."

"Alt vi til da har trodd, med et barns tillit, er da blitt den Levende troen; bekreftet gjennom erfaring, som er den høyeste av alle trosformer."

Begrepet *den Kongelige kunsten*, eller *den Kongelige vitenskapen*, sier noe om at det er noe metodisk og systematisk over hvordan man kan komme til målet. Samtidig snakker Eckartshausen om tro, men det han omtaler som den ypperste trosformen er det han kaller *den levende troen*. Dette beskriver han som erfaring med det som før bare var en antakelse. På den måten er ikke den levende troen noen tro i det hele tatt, men en erfaring eller en erkjennelse.

Eckartshausen snakker om veien fra menneskets nåværende tilstand til en fullstendig forvandling i det nye mennesket. Måten han snakker om det på, er som en systematisk prosess mot et religiøst mål.

Denne prosessen, som bare delvis omtales i disse brevene, er det flere ordenssamfunn forsøker å skissere gjennom gradssystemene sine. En prosess som foredler mennesket; ikke til å bli noe annet enn menneskelig, men å bli et sant menneske i fullbyrdelsen av dets fulle indre og åndelige potensial.

Jeg håper du som leser denne teksten lar deg inspirere av ideen Eckartshausen formidler.
Du vil i så fall være i godt selskap med mange som har gått denne stien før deg, og som har tatt opp denne lille boken og begynt sitt livs største eventyr.

Karl von Eckartshausens frimureriske våpenskjold
Med devisen "Absque nube pro nobis",
som kan oversettes med:
"Det er avslørt for oss"

SKYEN OVER HELLIGDOMMEN

FØRSTE BREV

For den stille iakttaker er det ingen tidsepoke som er mer oppsiktsvekkende enn vår egen. Vi ser menneskenes hjerter og sinn utvikle seg alle steder. Alle steder kjemper lyset mot mørket, spontane tanker mot levende ideer; maktesløse viljer mot levende aktiv kraft. Enkelt sagt er det en krig mellom det dyriske mennesket og det stadig utviklende åndelige mennesket.

Det sies at vi lever i en lysets tidsalder, men det ville være mer riktig å kalle det en grålysning. Her og der trenger en lysstråle gjennom tåkehavet, uten at den kan opplyse fornuften eller hjertet vårt fullt ut. Menneskene er ikke ett sinn. Vitenskapsmennene krangler, og der det ikke er noen enighet fatter man heller ennå ikke sannheten.

De viktigste sidene ved det å være menneske er enda ikke forstått. Det er ingen enighet om prinsippene for rasjonalitet, moral eller viljens opphav. Dette viser at selv om vi sies å leve i en lysets tidsalder, forstår vi ikke hva som kommer ut av hjertene og hodene våre.

Muligens ville vi kunnet skaffe oss slik kunnskap hvis vi ikke trodde vi allerede hadde denne sanne vitenskapens fakkel, eller hvis vi ville kaste et blikk på vår egen svakhet, og erkjenne at vi har behov for høyere opplysning.

Vi lever i en tid hvor intellektet dyrkes som en avgud. Vi bærer en felles fakkel til alteret og proklamerer morgenrøden; at dagslyset nå virkelig kan skimtes. Og at verden gjennom kunst, vitenskap, kultur, og selv en bedre forståelse av religion, beveger seg ut av mørket.

Stakkars menneskehet. Til hvilke høyder har du hevet menneskets tilfredshet? Har det noensinne vært en tidsalder som har hatt flere offer for umenneskelighet enn den nåværende? Har det noensinne vært en tidsalder hvor falskhet og egoisme har vært mer fremtredende enn i vår egen samtid?

På frukten skal du kjenne treet. Ufølsomme vesener, med deres fiktive naturlige fornuft. Hvor har dere fått det lyset som dere er så ivrige etter å opplyse andre med? Kommer ikke alle ideene deres fra sansene, som ikke presenterer virkeligheten, men bare oppfattelsen av den?

Er det ikke sant at all viten er relativ i tid og rom? Er det ikke sant at alt vi kaller realitet bare er relativiteter, da absolutt sannhet ikke finnes i fenomenenes verden?

Derfor har ikke naturlig fornuft noen virkelig kjerne, men er bare skinnet av sannheten og lyset. Og jo mer dette skinnet utbrer seg, desto mer falmer lysets essens. Konsekvensen blir at mennesket fortaper seg i fenomenenes verden, og famler forgjeves etter blendende, uvirkelige bilder.

Vår tids filosofi hevder at det naturlige intellektet har en uavhengig objektivitet og at den gir det dømmende makt. Den frigjør det for enhver høyere autoritet og gjør det uavhengig. Den har gjort den naturlige fornuften til en guddom, og avvist all harmoni og kommunikasjon med Gud.

Kan fornuften, som en guddom som ikke lyder andre lover enn sine egne, regjere mennesket og gjøre det tilfreds? Kan mørke spre lys? Kan fattigdom gi rikdom? Er døden i stand til å gi liv? Er det sannhet som fører til tilfredshet? Kan sannhet overføres?

Det dere kaller sannhet, er bare en subjektiv mental konstruksjon, uten virkelig innhold. Slik kunnskap kan erverves utenfra, gjennom sansene, og ordnes i henhold til synteseprinsippet, til kunnskap eller mening.

Dere trekker deres moralske, teoretiske og praktiske sannhet ut av skriftene og tradisjonene. Slik som individualitet er basert på intelligens, og egoisme er på viljes drivkraft, ser dere ikke ved deres eget lys, den underliggende moralloven. Om dere allikevel skulle se den, avviser dere den med viljen. Så dagens lys er ikke nådd lenger enn dette. Individualitet under den falske filosofiens kappe, er et barn av korrupsjon.

Hvem kan late som om solen er i sin fulle høyde, hvis ingen av dens stråler lyser på jorden og om ikke varmen gir liv til vegetasjonen? Hvis visdom ikke gagner menneskene, hvis kjærlighet ikke tilfredsstiller dem, så er lite gjort.

Hvis bare det naturlige mennesket kunne lære seg å se at kilden til intelligensen og drivkraften i viljen, er det som utgjør individualitet. Det er dette som gjør mennesket ulykkelig. Om han bare hadde kunnskapen, ville han søke innover i sitt indre etter en høyere ledestjerne. Han ville dermed ha nærmet seg kilden som er den eneste som kan formidle denne retningen til alle, fordi det er visdommen i dens fundamentale form.

Jesus Kristus er visdom, sannhet og kjærlighet. Som visdom er han fornuftens fundament, og kilden til den reneste kunnskap. Som kjærlighet er han moralens fundament, den sanne og rene drivkraften til viljen.

Kjærlighet og visdom unnfanger sannhetens ånd, det indre lyset. Dette lyset opplyser oss, og gjør overnaturlige ting naturlige.

Det er ufattelig hvor dypt mennesket kan synke i sine feiltrinn, når det forlater de enkle sannhetene i troen og erstatter dem med sine egne påfunn.

Vårt århundre søker ved hjelp av naturlig fornuft å avklare de underliggende prinsippene for fornuften og moralen, så vel som viljens grunnelement. Hvis vitenskapsmennene var mer oppmerksomme ville de se at disse tingene besvares i hjertet hos det enkleste menneske, bedre enn gjennom den mest gjennomførte kasuistikk.

Den praktisk innstilte kristne finner viljens sanne motivasjon, og den sanne moralske ledestjernen i sitt eget hjerte. Dette uttrykkes gjennom følgende formel: "Elsk Gud av hele ditt hjerte, og din neste som deg selv."

Kjærlighet til Gud og til vår neste er motivet for det kristne menneskes vilje; og essensen av selve kjærligheten er Kristus i oss.

Det er på denne måten den fundamentale fornuften opplyser oss med sann visdom og visdommens kjerne. Visdommens kjerne er Kristus,

Verdens Lys. Hos ham finner vi den virkelige fornuftens og moralens grunnlag.

Alt dette som jeg sier her, er ikke metafysisk tåkeprat, men virkelighet. Det er den absolutte sannheten. Det er noe hvem som helst kan bekrefte for seg selv, gjennom erfaring. Så snart det er erkjent, kjenner man Kristus som ledestjernen for all fornuft og moral, og kjernen er visdom og kjærlighet.

Det sanselige menneskets øye er imidlertid lukket for det grunnleggende, for alt som er sant, og for alt som ligger utenfor den fysiske virkeligheten.

Den fornuften som er den naturlige fornuften, som mange gjerne vil opphøye til lovgivende autoritet, hører til sansene. Lyset fra den atskiller seg fra den oversanselige fornuften på samme måte som den fosforiserende glansen til et råtnende tre, skiller seg fra solens strålende lys.

Absolutt sannhet eksisterer ikke for mennesker som bare forholder seg til det sanselige. Den finnes bare i det indre, for de som har et egnet *sensorium*[1]. Eller rettere sagt er absolutt sannhet bare tilgjenglig for den som har en indre sans, som gjør at han kan motta den, og en åndelig evne som erkjenner det åndelige, like objektivt og naturlig som de ytre sansene erkjenner ytre fenomener.

Denne indre sansen, dette sensoriumet for den metafysiske verden, er dessverre enda ikke kjent for dem som bare anerkjenner det ytre, for det er et mysterium i Guds rike.

Den rådende mangelen på tiltro til alt som ikke kan erkjennes objektivt gjennom sansene forklarer denne utydeliggjøringen av sannhetene, som tross alt er det viktigste for menneskene.

Hvordan kan det være annerledes? For å kunne se må man ha øyne, for å kunne høre må man ha ører. Alle merkbare ting krever en bestemt sans. Slik krever også det oversanselige sitt sensorium, og det er dette sensoriumet som sover i de fleste mennesker. Derfor bedømmer

---

[1] Et indre sanseapparat.

menneskene den metafysiske verden gjennom sansenes intelligens, slik den blinde forestiller seg farger og den døve toner, uten tilhørende sanseapparat.

Det finnes et objektivt og ekte grunnlag for fornuft; et objektivt og substansielt motiv for viljens aktivitet. Disse to utgjør til sammen det nye prinsippet som livet leves igjennom.

Dette rene prinsippet som underbygger vilje og fornuft, gjenforener det guddommelige med det menneskelige. Dette prinsippet er Kristus i oss, Verdens Lys, som man må ha en direkte relasjon til om det skal erkjennes. Denne viten er ekte tillit, hvor alt skjer i ånd og i sannhet.

Vi må derfor være utstyrt med et sensorium som er egnet for denne persepsjonen, en åndelig og indre sans, som er i stand til å oppfatte og forstå dette Lyset. Som jeg allerede har fortalt, ligger det imidlertid latent hos de fleste, på grunn av sansenes krystallisering. Dette indre organet gjør at vi intuitivt kan oppfatte den oversanselige verden.

Før denne intuitive sansen er virksom i oss, kan vi imidlertid ikke ha sikker kunnskap om de opphøyde sannhetene.

Denne delen av oss har vært inaktiv siden fallet. Fallet som degraderte mennesket til en verden med mer eller mindre aktive, fysiske sanser.

Denne grove materien som stenger det indre sensoriumet inne, er som en hinne som dekker for det indre øyet. Det forhindrer det ytre øyet fra å se inn i de åndelige rikene.

På samme måte gjør materien den indre hørselen døv, slik at vi ikke hører lydene fra den oversanselige verden. Den lammer den åndelige taleevnen vår til den grad at vi ikke kan uttale hellige ord. Selv om dette er ord vi opprinnelig var i stand til å uttale, og som ga oss myndighet og kraft over elementene i den ytre verden.

Åpningen av dette åndelige sensoriumet er det nye menneskets mysterium. Mysteriet om regenereringen og den vitale forening av Gud og menneske. Dette er religionens mest fornemme oppgave i verden, dette herlige målet er intet mindre enn å forene mennesket med Gud, i ånd og i sannhet.

Det er derfor vi kan se at sann religion alltid har vært tilbøyelig til å undertrykke sansene. Den gjør dette for å regenerere det åndelige mennesket, slik at det rasjonelle mennesket skal lede sansemennesket.

Filosofien erkjenner denne sannheten intuitivt. Dens eneste feil er at den ikke forstår forstandens sanne kilde, og vil derfor erstatte den med en individualisert verdenssentrert fornuft.

På samme måte som mennesket har et indre åndelig organ og sensorium for å se sin sanne ledestjerne: Guddommelig visdom, Guddommelig kjærlighet, Viljens sanne motiv, slik har mennesket også et ytre, fysisk og materielt sensorium til å motta lysets og sannhetens fremtoninger.

Ettersom den ytre naturen ikke kan ha noen kunnskap om den absolutte sannheten, men bare de relative sannhetene i fenomenenes verden, kan heller ikke forstanden erkjenne den rene sannheten. Den kan bare forstå den gjennom synlige fenomener. Fenomener som vekker øyets lyst, og det er her det naturlige menneskets korrupsjon og naturens forfall ligger.

Dette menneskets ytre sensorium er sammensatt av skrøpelig materie, mens det indre sensoriumet er grunnlagt på en uforgjengelig, oversanselig og metafysisk substans.

Førstnevnte er årsaken til fordervelligheten og dødeligheten, sistnevnte er årsaken til ufordervelligheten og udødeligheten. Under dekket av den materielle og fordervelige naturen, skjuler dødeligheten udødelighet. Derfor stammer alle problemene våre fra fordervelig, dødelig materie.

For at mennesket skal kunne frigjøre seg fra denne materien må det udødelige og ufordervelige grunnlaget som er i oss, utfolde seg og absorbere det fordervelige. Slik fjernes sansenes slør, og mennesket trer frem i sin opprinnelige friske renhet.

Det naturlige sløret består av dypt fordervelig substans. En substans som uttrykker seg gjennom blodet, hvor det danner forbindelsen som binder vår udødelige ånd til det dødelige kjødets herredømme.

Dette slørets påvirkning kan svekkes i alle mennesker, noe som vil føre til større åndelig frihet, og som forbinder mennesket nærmere med den oversanselige verden. Det er tre forskjellige stadier i åpningen av vårt åndelige sensorium.

Det første stadiet fører oss bare opp til det moralske planet, der den oversanselige verden gir seg til kjenne i oss, gjennom indre bevegelser. Det er dette som kalles inspirasjon.

Det andre, og høyere stadiet, åpner sensoriumet til oppfattelse av det åndelige og intellektuelle; slik virker den metafysiske verden i oss gjennom indre opplysning.

Det tredje stadiet, som er det høyeste, og som veldig sjelden oppnås, åpner opp for hele det indre mennesket. Det bryter skallet som dekker våre åndelige øyne og ører, og åpenbarer åndens rike for oss. Det setter oss i stand til å se metafysiske og oversanselige ting på en objektiv måte. På dette nivået blir alle visjoner forståelige. Vi har både en indre og en ytre følelse av objektivitet. Bare objektene og sansene er forskjellige.

På utsiden er de dyriske og sanselige impulsene i aktivitet, og den forgjengelige sanselige materien fører til handlinger. På innsiden er det den metafysiske og udelelige substansen som slipper inn, og den uforgjengelige og udødelige essensen i ånden mottar påvirkningen.

Samtidig er forholdene nesten like inni og utenfor. Loven er den samme alle steder. Så da ånden eller det indre mennesket har andre sanser og en annen objektiv oppfattelse enn det rasjonelle mennesket, forbauser det oss ikke at ånden forblir en gåte for vår samtids vitenskapsmenn. Slik må det være, så lenge de ikke har noen objektiv oppfattelse av den oversanselige og åndelige verdenen.

De måler det oversanselige med sansenes målestokk. De forveksler den korrupte manifestasjonen med den rene substansen. De er nødt til å ta feil da de ikke har det riktige sensoriumet.

Vi står imidlertid i takknemlighetsgjeld til filosofen Kant, for hans oppfattelse av de sannhetene vi har forkynt.

Kant har ubestridelig påvist at den medfødte fornuften ikke kan vite noe om det oversanselige eller åndelige. Den medfødte fornuften kan derfor ikke forstå det åndelige gjennom analyse eller syntese. Denne fornuften kan ikke påvise muligheten for, eller realiteten bak ånd, sjel eller Gud.

Dette er en stor, opphøyd og oppløftende sannhet for vår tid. Selv om det er sant at allerede apostelen Paulus forkynte den (1.Kor.1. 2-24). Den hedenske filosofien til vitenskapsmennene, selv de som oppfatter seg som kristne, har allikevel oversett den helt frem til Kants tid.

Denne sannheten har to funksjoner: Den begrenser for det første den naturlige fornuftens følelser, fanatisme og ekstravaganser.

For det andre viser den i slående kontrast behovet for guddommelig åpenbaring.

Den bekrefter at den naturlige fornuften ikke har noen objektiv kilde til oversanselig guddommelig instruksjon, åndelige verdener eller sjelen og dens udødelighet. Dette betyr at uten åpenbaring er det fullstendig umulig å anta eller si noe om disse tingene.

Vi skylder derfor Kant en takk for at han i våre dagers filosofi har ført bevis for noe som for lenge siden ble forfektet i en høyere og mer opplyst skole; nemlig at uten åpenbaring ville ingen viten om Gud eller noen lære om sjelen være mulig.

Det er derfor klart at en universell åpenbaring må danne grunnlaget for alle verdens religioner. Derfor er det, ifølge Kant, klart at den oversanselige verdenen er fullstendig utilgjengelig for forstanden, og at Gud er i lyset, der ingen spekulasjoner av fornuftsmessig art kan trenge inn.

Det rasjonelle mennesket eller forstandsmennesket har ingen konsepter for oversanselig realitet. Det var derfor viktig at den skulle åpenbares for ham på en måte som krevde tro. Slik gir troen mennesket verktøyene som utfolder det indre sensoriumet. Det som ellers ikke ville ha kunnet erkjenne realiteten bakom sannhetene som ellers var ufattelige for det naturlige mennesket.

Det er helt riktig at vi kan fornemme høyere virkeligheter med det åndelige sensoriumet. Denne virkeligheten eksisterer allerede, men vi kjenner den ikke fordi vi mangler det organet som gjør at vi kan kjenne den. Man må derfor ikke legge skylden på sanseinntrykket, men på det sansende organet.

Med utviklingen av det nye organet får vi imidlertid en ny oppfattelse av en hittil ukjent virkelighet. Uten den kan den åndelige verdenen ikke eksistere for oss, for det organet som skal gjøre den objektiv, er ikke utviklet.

Når det er utviklet vil teppet gå opp; det ugjennomtrengelige sløret vil rives vekk, tåken som skjuler helligdommen vil forsvinne, og en ny verden vil plutselig vise seg for oss. Skallene faller fra øynene våre og vi føres bort fra fenomenenes verden, til i sannhetens domene.

Bare Gud er selvforsynt. Bare Gud er absolutt sannhet. Bare han er den som er. Vi er det han har gjort oss til. For Gud er alt ett. For oss eksisterer alt i et mangfold.

Mange mennesker har ikke mer begrep om utviklingen av det indre sensoriumet enn det de har om åndens sanne og objektive liv, som de verken kan oppfatte eller forestille seg. Derfor vet de ikke at man kan fatte det åndelige og oversanselige, og at man kan løftes opp til det åndelige eller til selve visjonen av dette.

Det store og sanne arbeidet med å bygge tempelet, består utelukkende i å ødelegge den falleferdige Adamiske bygningen, og å føre opp et guddommelig tempel. Dette betyr med andre ord å utvikle det indre sensoriumet i oss; en ny kropp som kan erkjenne Gud.

Etter at denne prosessen er gjennomført, hersker det metafysiske og uforgjengelige prinsippet over det verdslige. Konsekvensen er at mennesket begynner å leve, ikke lenger i selvforherligelse, men i ånden og i sannheten, som han selv er tempel for.

Den moralske loven utvikler seg slik til kjærlighet overfor medmennesket i handling og i sannhet, mens dette bare er en tanke hos det rasjonelle mennesket.

Det åndelige mennesket som er gjenfødt i ånden, ser kjernen i alt mens det naturlige mennesket bare oppfatter tomme lyder, symboler og bokstaver som er livløse bilder. Slik er det, om de ikke er opplyste av den indre ånden.

Religionenes høye mål er menneskets intime gjenforening med Gud. Denne foreningen er mulig i denne verdenen, men det kan bare skje om man åpner det indre sensoriumet som gjør det mulig for våre hjerter å bli mottakelige for Gud.

I dette skjuler det seg mysterier som vår menneskelige filosofi ikke en gang kan drømme om; men nøkkelen til disse finner man ikke innenfor skolevitenskapen.

Det har imidlertid alltid eksistert en mer viderekommen skole som er betrodd all vitenskap. Denne skolen er samfunnet som er opplyst av Forløseren, de utvalgtes samfunn, som uavbrutt har eksistert siden skapelsens første dag, og videre frem til vår tid. Medlemmene er spredt over hele verden. De har alltid vært forent i én ånd og i én sannhet. De har bare én lære og én kilde til sannhet, én herre, én mester og én lærer, som rommer hele Guds mangfold. Det er bare han som innvier dem i naturens, og de høyere mysteriene i den åndelige verdenen.

Dette lysets samfunn, som har eksistert i uminnelige tider, vil vi snakke mer om i vårt neste brev.

ANDRE BREV

Mine kjære brødre i Kristus, det er viktig at jeg får gitt dere et klart bilde av den indre kirken. Det opplyste Guds samfunn som er spredt over hele verden, og som styres av én sannhet og er forent i én ånd.

Dette opplyste samfunnet har eksistert siden skapelsens første dag, og skal bestå til tidenes ende. Dette de utvalgtes samfunn, består av de som kan skille lys fra mørke, som kan skille ut det som er rent.

Dette samfunnet har en skole, der alle som tørster etter kunnskap, blir instruert av selve visdommens ånd. Alle Guds og naturens mysterier finnes i denne skolen, og fullkommen erkjennelse om Gud, naturen og menneskeheten gis til lysets barn.

All sannhet kommer fra denne skolen og inn i verden. Dette er profetenes skole for alle som søker etter visdom. Innenfor dette samfunnet finnes sannheten og forklaringen på alle mysteriene. Det er det hemmeligste av alle samfunn, og allikevel har det medlemmer fra hele verden, fra mange ordener; for slik er denne skolen.

Det har til alle tider eksistert en ytre skole, som er basert på den indre. Denne er imidlertid bare et ytre uttrykk for den indre.

Det har alltid eksistert et skjult samfunn, et samfunn av utvalgte som har søkt å forene seg med lyset. Dette indre samfunnet ble kalt kirkens indre helligdom.

Alt den ytre kirken har av symboler, seremonier og ritualer er ytre uttrykk for den indre kirkens ånd.

Derfor har denne indre kirken vært opptatt av å bygge det store tempelet gjennom menneskehetens regenerasjon for å manifestere Guds herlighet. Denne kirken består av spredte medlemmer, men er forent med enhetens og kjærlighetens bånd fra de tidligste tider.

Dette samfunnet består av dem som har størst kapasitet for lys, de utvalgte. De utvalgte er forent i ånd og sannhet, og deres leder er selve verdens lys, Kristus. Den ene, salvet i lys, menneskehetens forener, veien, sannheten og livet; det opprinnelige lyset, visdommen og den eneste veien som fører mennesket tilbake til Gud.

Den indre kirken ble dannet umiddelbart etter menneskets fall. Det var de som først fikk åpenbart midlene fra Gud. Midlene som ville sette menneskeheten i stand til å gjenvinne sin opprinnelige åndelige tilstand, frigjort fra sine lidelser.

Denne kirken ble betrodd den opprinnelige kunnskapen som inneholder alle åpenbaringer og mysterier. Den mottok nøkkelen til den sanne vitenskapen, både den guddommelige og den naturlige.

Da menneskene formerte seg gjorde deres skrøpelighet og svakhet det imidlertid nødvendig å danne et ytre samfunn. Et samfunn som skjulte det indre, og som gjemte ånden og sannheten i bokstaver. Dette ble gjort fordi mange mennesker ikke ville ha vært i stand til å fatte de store, indre sannhetene og fordi det ville ha vært for farlig å betro det aller helligste til uforberedte personer.

Derfor ble de indre sannhetene ikledd ytre uttrykk og seremonier slik at menneskene gjennom det ytre som et symbol for det indre, gradvis kunne nærme seg de indre åndelige sannhetene i trygge omgivelser.

Den indre sannheten har imidlertid alltid blitt betrodd til den som har hatt gode forutsetninger for opplysning, og denne personen ble da også vokter av det betrodde, slik som helligdommens yppersteprest.

På grunn av menneskenes svakhet, som ikke tålte lysenes lys, ble det nødvendig å skjule de indre sannhetene i ytre seremonier og symboler, og slik begynte den ytre gudsdyrkelsen. Denne dyrkelsen har imidlertid alltid hatt elementer fra det indre. Det vil si at det er et symbol for sann aktelse for Gud, i ånd og sannhet.

Forskjellen mellom det åndelige og dyriske mennesket, mellom fornufts- og følelsesmennesket, gjorde det nødvendig å skille mellom det ytre og det indre. Den indre sannheten trengte allikevel ut i det ytre, innhyllet i symboler og seremonier slik at sansemennesket kunne gjøre sine betraktninger og på denne måten gradvis ledes til den indre sannheten.

Derfor var den ytre gudsdyrkelsen symbolsk sett et bilde på de indre sannhetene, og det sanne forholdet mellom Gud og mennesket før og etter fallet, på menneskets opprinnelige verdighet og den fullstendige forsoningen.

Alle symbolene i den ytre gudsdyrkelse er basert på de tre grunnleggende tilstandene: fallet, forsoningen og gjenopprettelsen.

Den ytre tjenesten var betrodd prestene, og denne oppgaven var i gamle dager pålagt alle familiefedre. De første fruktene, og den førstefødte blant dyrene, ble ofret til Gud for å symbolisere at alt bevares og næres gjennom ham, og at det dyriske mennesket må dø for å gjøre plass til det bevisste og åndelige.

Den ytre gudsdyrkelse ville aldri ha blitt atskilt fra den indre, om det ikke hadde vært for det skrøpelige mennesket som hadde alt for lett for å glemme ånden bak bokstavene.

Guds ånd var oppmerksom, og søkte etter dem som hadde størst kapasitet til å motta lyset i alle nasjoner. Disse menneskene ble gitt i oppdrag å spre lyset i henhold til menneskenes mottakelighet, og slik gjenopplive de døde bokstavene gjennom ånd og sannhet.

Gjennom disse guddommelige budbringerne ble helligdommens indre sannheter ført ut til alle nasjoner, og endret i henhold til deres skikker, kapasitet for kultur, klima og mottakelighet. Derfor har gudsdyrkelsen, seremoniene og de hellige bøkene i alle religioner en del av sannheten. Formålet med dette er å formidle helligdommens indre sannheter som er universell kunnskap og absolutt sannhet. Det er først dagens mennesker som kan få ta del i dette.

Jo sterkere et folks ytre gudsdyrkelse har vært knyttet til ånden i den esoteriske sannheten, desto renere er religionen. Jo større avstand det er mellom symbolspråket og den usynlige sannheten, desto mer ufullkommen er religionen blitt.

Hos noen folkeslag har den degenerert til flerguderi. Dette skjedde der den ytre formen var blitt fullstendig atskilt fra den indre sannheten; og seremoniene sjelløse og livløse.

Da Guds representanter hadde gitt frøene til de viktigste sannhetene til menneskene, valgte Gud ett folk til å fremme et viktig symbol som skulle manifestere de midlene han ville lede menneskene med i sin samtidsutvikling; et symbol som skulle føre menneskene til fullstendig renhet og fullkommenhet.

Gud meddelte folket selv sin ytre religiøse lovgivning. Han ga alle symbolene og lovfestet alle seremoniene. Disse symbolene og seremoniene var preget av helligdommens store esoteriske sannhet.

Gud innvidde denne ytre kirken gjennom Abraham. Han meddelte den sine bud gjennom Moses, og den nådde sin høyeste fullkommenhet gjennom budskapet fra Jesus Kristus, som levde i fattigdom og lidelse, og som gjennom formidlingen av hans ånd, er oppstandelsens ærverdighet.

Gud la selv grunnlaget for at den ytre kirken, skulle ha alle symbolene i den ytre gudsdyrkelsen, som ble tempelvitenskapen eller prestenes vitenskap. I denne tiden ble mysteriene i de mest hellige sannhetene kjent utad gjennom åpenbaring.

Målet med denne hellige symbolikken var å gjenforene det falne mennesket med Gud. Ordet *religion*, fikk en betydning i betegnelsen av denne gjenforeningen, da den fører mennesket tilbake til sitt opprinnelige opphav.

Man kan tydelig se fra det arketypiske konseptet for religion at essensen tilhører den indre helligdommen, og at mangfoldet av religioner aldri kan endre dens sanne identitet. En identitet som ligger i hjertet av alle ytre religioner.

Denne tempelvisdommen ble forpaktet av prestene og profetene under den gamle pakten. Prestene ivaretok den ytre sannheten, og profetene den indre. Profetenes oppgave var å sørge for at prestene forholdt seg til ånden i ordene, siden de var tilbøyelige til å glemme den, til fordel for ordene alene. Prestenes talent var kunnskapen om de ytre symbolene, mens profetenes kunst besto i den eksperimentelle omgangen med sannheten bak symbolene. De ytre kjente ordene, mens ånden bodde i det indre.

Under den gamle pakten var det derfor én skole for profetene og en annen for prestene, den ene var betrodd symbolets ånd, den andre selve symbolet.

Prestene hadde arken, skuebrødet, lysestakene, mannaen og Arons stav, mens profetene hadde den indre åndelige sannheten om det disse symbolene representerte.

Den ytre kirken i den gamle pakten var synlig, mens den indre kirken alltid var usynlig, den måtte være usynlig, men den måtte allikevel styre alt. For det var bare den som var betrodd den åndelige styrken og makten. Da den ytre gudsdyrkelsen sluttet å forholde seg til den indre, falt den. Gud viste gjennom en oppsiktsvekkende kjede av begivenheter at bokstaven ikke kunne bestå uten ånden. Den ytre kirken er kun til for å føre mennesket inn til ånden, og om den ikke gjør dette, forkastes den av Gud.

På samme måte som naturånden trenger ned i de karrigste dybder, for å vitalisere, bevare og gi vekst til alt som kan påvirkes av dens innflytelse, trenger også lysets ånd dypt inn i nasjonene for å vitalisere de døde bokstavene med den levende ånden. Dette er grunnen til at vi finner en Job blant avgudsdyrkerne, en Melkisedek blant fremmede nasjoner, en Josef blant egypternes prester, og en Moses i medinernes land. De er levende bevis på det indre slektskapet som består mellom dem som ble forent med én ånd og én sannhet til alle tider og blant alle nasjoner, ved mottagelsen av lyset.

Tjenernes leder, Jesus Kristus, sluttet seg til lysets tjenere i det indre samfunnet, som en kongelig prest i Melkisedeks orden.

Den gamle paktens agenter representerte hittil bare visse av Guds fullkommenheter. Derfor var det behov for en kraftig bevegelse som skulle demonstrere alt samtidig; alt i ett. Det oppsto en universell arketype som perfeksjonerte bildet av fullkommenhet, og åpnet en ny dør som brøt ned menneskehetens slavetilstand.

Kjærlighetens lov ble derfor innledet, da selve visdommens bilde viste menneskene sin storhet. Det ga dem nytt liv, og vissheten om udødelighet. Det hevet deres intellektuelle tilstand, slik at de kunne bli den sanne åndens tempel.

Denne menneskehetens høyeste tjener, verdens forløser og universelle gjenoppretter, rettet alle menneskers fulle oppmerksomhet mot den opprinnelige sannheten, gjorde at de ville kunne bevare sin eksistens, og gjenvinne sine tidligere verdighet.

Gjennom sin egen ydmykelse la han grunnlag for menneskets forløsning, og han lovet en dag å fullføre den gjennom sin ånd.

Han meddelte også sine apostler hva som ville skje med alle de utvalgte i fremtiden, og han knyttet de utvalgte til lyssamfunnets kjede. Han ga dem sannhetens ånd, og han ga dem den høyeste læren om alle guddommelige og naturlige ting som tegn på at han aldri ville svikte sitt samfunn.

Da tilbedelsen av bokstavene og symbolene i den ytre kirkens gamle pakt, var blitt erkjent gjennom forløserens inkarnasjon og bekreftet i hans person, ble det nødvendig med nye symboler for ytre bruk. Nye symboler, bak bokstavene, som kunne vise hva den fremtidige universelle forløsningen ville bringe.

Den ytre kristne kirkens ritualer og symboler var dannet etter mønstrene fra uforanderlige og fundamentale sannheter. De ga løfte om noe av ubeskrivelig styrke og betydning, som bare blir åpenbart for dem som kjenner den indre helligdommen.

Denne helligdommen forblir uforandret selv om de ytre religionene i tidens løp har gjennomgått forskjellige forandringer som har medført atskillelse fra den indre ånden som kan bevare bokstavene.

Den profane ideen om å ville verdsliggjøre alt som er kristent, og å kristne alt som er politisk, har endret strukturens ytre og dekket lyset og livet med dødens skygge. Dermed oppsto det splittelser og vranglære og spissfindige forsøk på å redegjøre for bokstavene som allerede hadde mistet sannhetens kjerne.

Den allmenne rådvillheten styrket korrupsjonen og angrep kristendommens fundamentale byggverk. Det hellige indre ble blandet med det ytre, som allerede var svekket av den skrøpelige menneskelige uvitenheten.

På denne måten oppsto tanken om at det materielle mennesket var den eneste Gud, og dette førte til materialisme. Denne tenkemåten betraktet menneskets forening med høyere krefter som fantasi. Og med bakgrunn i dette oppsto endelig, dels fra hjernen og dels fra hjertet, den siste fasen av menneskets forvillelse, nemlig ateismen. Alt dette skjer mens sannheten hviler ukrenket i den indre helligdommen.

Trofaste mot sannhetens ånd, som lovet å ikke svikte sitt samfunn, levde medlemmene av den indre kirken i stillhet. Kreativiteten arbeidet imidlertid i dem, og de forente den gamle paktens tempellære med den store forløserens ånd, den nye pakten. De avventet ærbødig det store øyeblikket, da Kristus ville kalle dem sammen i sitt samfunn for å gi ny vitalitet og nytt liv til de døde bokstavene.

Dette lysets indre samfunn utgjøres av dem som er i stand til å motta hans lys, og det går under navnet helgenenes samfunn. Opphavsstedet for all styrke og sannhet som betros det. Dette samfunnet, sier Paulus, er det eneste som er i besittelse av helgenenes viten. Ved hjelp av denne dannes Guds adepter til alle tider, ved å gå fra det indre til det ytre, idet de ga ånd og liv til de døde bokstavene.

Dette opplyste samfunnet har vært den sanne skolen for Guds ånd gjennom tidene, og som lærested har det sin undervisningsplass og sin lærer. Det har regler for studentene, det har klasser og studieplaner, kort sagt en metode man studerer etter. Det har også sine grader for utvikling til større høyder.

Den første og laveste graden består i det moralske gode hvor den enkeltes vilje innordner seg etter Gud og veiledes til det gode gjennom viljens rene motiv som er tillit til Jesus Kristus. Den ånd som aktiverer denne graden kalles inspirasjonen.

Den andre gradens arbeid er å utvikle det rasjonelle intellektet. Det er gjennom dette at det dugelige mennesket, forent med Gud, krones med visdom og kunnskapens lys. Det middelet som ånden bruker for å forårsake dette, kalles indre opplysning.

Den tredje og høyeste graden er den fullstendige åpningen av vårt indre sensorium. Her får det indre mennesket en objektiv erkjennelse av de esoteriske sannhetene. Dette er den høyeste graden, og her går tillit over til å bli erkjent virkelighet, og middelet ånden bruker for å lære oss dette er innsiktsfulle visjoner.

Dette er de tre gradene som formidler indre visdom i skolen til de opplystes samfunn.

Den samme ånden gjør at mennesker modnes da dette samfunnet også formidler gradene sine gjennom samarbeid med dem som er blitt opplyst i sitt indre.

Visdommens skole har alltid vært skjult for verden, da den er usynlig og underlagt guddommelig styre.

Den er aldri blitt avslørt for tidenes tilskikkelser eller menneskenes skrøpeligheter. Det var bare de mest egnede som ble valgt til å være med, og ånden tok aldri feil i sine valg.

Denne skolen var kimen til all høyere viten som de ytre skolene mottok, men der ble den ofte skjult under andre og degenererte former.

De åndelige filosofenes samfunn vil med tid og stunder meddele det ytre samfunnet symbolikken i den hensikt å dra mennesket mot de indre og store sannhetene. Alle de ytre samfunnene eksisterer imidlertid bare så lenge de mottar ånden fra det indre samfunnet. Skulle det skje at de ytre samfunnene ville bryte seg løs fra det indre, og omdanne visdommens tempel til et politisk byggverk, trekker det indre samfunnet seg tilbake og etterlater bare åndsforlatte bokstaver.

Det finnes derfor hemmelige ordensselskaper som påberoper seg visdom, men som ikke er annet enn tomme skall, for sannheten forsvinner uten sin helligdom.

I det indre samfunnet kan mennesket finne visdom - og dermed altet. Dette er ikke den verdslige visdommen som bare er vitenskapelig viten, den som beveger seg i periferien uten å nærme seg kjernen. Den har kraften, men ikke den sanne visdommen.

Alle diskusjoner, alle kontroverser, alt som skyldes denne verdenens falske bekymringer, fruktesløse drøftinger og unyttige meninger som sprer seg og skaper oppløsning, feiltakelser, kløfter og systemer, er bannlyste fra dette samfunnet. Det finnes ikke baktalelse eller skandaler; alle mennesker respekteres. Satire, dette fenomenet som elsker å få andre til å krympe seg, er ukjent. Kjærligheten er enehersker. Uroens monster får aldri løfte sitt slangehode blant visdommens sønner. Bare det som er til det felles beste, består.

Venners feiltrinn får passere, det er ingen som rakker ned på feiltakelser. Den søkende ledes sjenerøst og kjærlig på sannhetens vei. Man veileder og forsøker å røre hjertet til den som trår feil, men ingen dømmes; det er det opp til lysets herre å gjøre. Den som har savn og svakheter støttes, og man fryder seg over de høyder menneskene når. Ingen løftes over andre gjennom fremgang da dette er underlagt tilfeldighetene, og da man bare opplever seg selv som vellykket når man er til gagn for sine medbrødre.

Alle disse som er forent i sannhetens og kjærligheten ånd utgjør den usynlige kirken, Det indre rikets selskap, som er under ledelse av Gud.

Vi må imidlertid ikke tro at dette er et hemmelig selskap som møtes til bestemte tider, og som velger sine ledere og medlemmer. Alle selskaper, uavhengig av hvem de er, kan bare være en gjengivelse av denne indre opplyste sirkelen. Dette selskapet kjenner ingen av de formalitetene som hører til de ytre kretsene.

I dette kraftens kongerike er alle ytre former opphevet. Gud selv er den kraften som alltid er til stede. Den som er best skikket til å lede, lederen selv, kjenner ikke alltid alle medlemmene, men når det er Guds vilje at han skal nå et eller annet mål, finner han dem alltid. Dette samfunnet har ingen ytre skranker. Den som Guds valg måtte falle på, tilkjennegir seg for de andre uten hovmot, og han mottas av de andre uten misunnelse.

Hvis medlemmer må møtes, finner og gjenkjenner de hverandre. Det kan ikke anvendes noen forkledning. Verken hykleri eller forstillinger skulle kunne skjule de karakteristiske egenskapene hos dem som er med i dette selskapet; de er for ekte til det. Alle illusjoner er borte og alt ses i sin sanne form.

Ingen medlemmer kan velge et annet medlem, da det kreves enstemmig valg. Alle mennesker er kalte, og de kalte blir kanskje valgt hvis de er modne for deltakelse.

Alle kan lete etter inngangen, og alle som er innenfor kan lære en annen å søke den, men bare den som er egnet, kan komme innenfor.

De som er uforberedte skaper uro, og uorden er uforenelig med helligdommen. Dette utelukker alle som ikke er hele i seg selv.

Denne helligdommen søkes forgjeves av verdslig intelligens, og det vil også være umulig for de som har onde intensjoner å trenge inn i disse dype mysteriene. Ingenting kan forstås av den som er umoden, da han ikke kan se eller lese noe av det som er i det indre.

Den som er moden knyttes til kjeden. Kanskje oftest på et uventet sted og til en uventet tid.

Enhver som ser visdommen, burde søke å bli moden.

Det finnes imidlertid metoder som fører til modenhet, da dette hellige samfunnet er oppbevaringsstedet for de eldste opprinnelige menneskelige kunnskaper og alle mysterier. Det er det eneste fullstendig opplyste samfunnet som er alene om å være i besittelse av nøkkelen til alle mysteriene, og som kjenner hele naturens og skapelsens kilde. Den høyeste makten er knyttet til dette samfunnet, og det har medlemmer fra mer enn én verden. Selskapets medlemmer utgjør en teokratisk republikk, som en dag vil kunne styre hele verden.

TREDJE BREV

Den absolutte sannheten som skjuler seg i sentrum av mysteriet er som solen. Den blender det normale synet, og mennesket ser bare skyggen den kaster. Bare en ørn kan stirre mot det blendende lyset, og bare den sjelen som har forberedt seg, kan tåle dens skjulte stråler. Ikke desto mindre har den store hemmeligheten som er kjernen i de hellige mysteriene, aldri vært skjult for den som har kunnet tåle lyset.

Gud og naturen har ingen mysterier for sine barn. Mysterier oppstår gjennom svakheten i vår natur, som ikke er forberedt på å tåle den utilslørte sannhetens rene lys.

Det er denne svakheten som er skyen som skjuler helligdommen. Den er sløret foran det helligste av det hellige.

For at mennesket imidlertid skal kunne se det skjulte lyset, og erverve seg styrke og verdighet, gav det guddommelige etter for sine skapningers svakhet, og skrev sannheten som tilhører det indre og evige på det ytre, slik at mennesket gjennom studier skal kunne ta del i ånden.

Disse bokstavene utgjør de ytre religionenes seremonier og ritualer. De fører mennesket til den indre vitale ånden og videre til foreningen mellom Gud og mennesket.

Blant disse bokstavene er det også billedlige representasjoner av mysteriene; skisser og mønstre av den indre og hellige sannheten som er påført sløret foran helligdommen.

Religion og mysteriene går hånd i hånd for å lede brødrene til sannheten. Begge har som oppgave å vende og fornye naturen vår. Målet for begge er gjenoppbyggingen av et tempel, som kan huse visdom og kjærlighet; gjenforeningen av Gud og menneske.

Religionen og mysteriene ville imidlertid være unyttige fenomener om guddommen ikke også hadde gitt midler til å nå målet. Disse midlene har imidlertid alltid bare eksistert innerst i helligdommen. Mysteriene er til for å bygge et religionens tempel, og religionenes oppgave er å forene mennesket med Gud.

Dette er religionens storhet og mysterienes tidløse og opphøyde verdighet.

Det ville være urimelig å tro, elskede brødre, at dere aldri har studert de hellige mysteriene i deres sanne form. De som fremstiller dem som det eneste rene og helhetlige middelet for å bevare doktrinen om de livsviktige sannhetene om Gud, mennesket og naturen.

Denne doktrinen var uttrykt i et hellig symbolspråk og sannhetene den inneholdt ble oversatt av den ytre kretsen til menneskehetens alminnelige språk. Slik ble de mer uklare og uforståelige.

Som dere vet, elskede brødre, åpenbarer mysteriene en arv som bare tilkommer de få. Disse mysteriene kan ikke læres bort eller selges offentlig. Slike mysterier kan bare en som har et hjerte som er fylt av visdom og kjærlighet erverve.

Den som denne hellige flammen er blitt tent hos, lever i sann tilfredshet uavhengig av om han er slave eller fri. Han ser årsaken til menneskets korrupsjon og vet at den er uunngåelig. Han hater ingen forbryter, men har medfølelse med ham. Han forsøker å løfte de som har falt og veilede de bortkomne. For til tross for korrupsjonen vet han at det ikke er noe urent i fylden.

Han ser klart den sannheten som danner grunnlaget for alle religioner. Han kjenner årsaken til overtro og vantro, som skyldes modifikasjoner av sannheten, og som enda ikke har funnet fullkommen likevekt.

Vi er sikre på, mine verdige brødre at dere betrakter den sanne mystikken på denne måten, og at dere ikke vil tillegge denne kongelige kunsten det som enkelte villfarne individer har gjort med den.

Det er derfor, med denne oppfattelsen som sammenfaller fullstendig med vår, at dere skal sammenligne religion og mysteriene i visdommens hellige skoler med de kjærlige søstre som har våket over menneskehetens godhet siden jordisk fødsel ble en nødvendighet.

Religion deler seg opp i ytre og indre religion, ytre ved seremonier, og indre ved tilbedelsen i ånd og sannhet.

Visdommens skoler kan også deles inn i ytre og indre skoler. De ytre skolene har bokstaven og symbolet, mens de indre skolene ånden og betydningen.

Ytre religion ble forent med den indre gjennom seremonier, slik som også mysterienes ytre skoler ble knyttet til de indre gjennom symboler.

Ånden vil imidlertid snart gjenopprette den levende bokstaven, og skyen vil bli løftet fra helligdommen; symboler vil bli visjoner og ord vil bli til sann forståelse.

Den som ærer de hellige mysteriene vil ikke kunne gjøre seg forstått gjennom tale eller ytre tegn. Religion vil ikke lenger være en ytre seremoni, men skjulte og hellige mysterier vil trenge ut i den ytre gudsdyrkelsen gjennom symboler for å forberede mennesket på riktig tilnærming til dyrkingen av Gud i ånd og sannhet.

Snart vil symbolenes makt være forbi, lyset vil komme med dagen, og mysterienes hellige tilsløring oppheves. Slik vil de vise seg i sannhetens fulle stråleglans.

Lysets veier er forberedt for de som er utvalgte, for alle som kan gå der. Naturens forgård, fornuftens tempel og åpenbaringens helligdom utgjør ett eneste tempel. Slik vil det store byggverk bli fullført. Det som utgjør gjenforeningen av mennesket, naturen og Gud.

Fullkommen erkjennelse om mennesket, naturen og Gud, består av lyset som vil sette menneskehetens veiledere i stand til å føre deres forvillede brødre tilbake. De som er ført på avveier av bevissthetens fordommer, grådighet og uro føres tilbake til fred og erkjennelse. Verdensledernes kroner vil være den rene fornuften. Deres septre vil være kjærlighet til menneskeheten. Helligdommen vil salve dem og gi dem kraften som frigjør menneskehetens bevissthet og vitalisere deres fysiske forutsetninger. Vi nærmer oss lysets tid; visdommens og kjærlighetens lederskap som er underlagt Guds styre - lysets kilde.

Lysets brødre, det finnes bare én religion, og dens sannhet er i alle religioner slik som treets mangfoldige grener er forent i stammen.

Sannhetens sønner, det finnes kun én orden, kun ett broderskap, kun ett samfunn av mennesker som enes om målet om å erverve seg lyset.

Fra denne kjernen har det på grunn av misforståelse oppstått utallige ordener. Men alle disse vil vende tilbake fra sine sprikende innfall til den eneste sannheten og den sanne ordenen; til dem som er i stand til å motta Lyset; de utvalgtes samfunn.

Alle religioner og ordensselskap må måles med denne målestokken. Mangfoldigheten ligger i de ytre seremoniene, mens sannheten bare finnes i det indre. Disse brorskapene har en mengde forklaringer på symbolene med bakgrunn i tidens gang, samtidens behov og andre forhold. Men lysets sanne samfunn kan bare være ett.

Det ytre symbolet er bare sliren som gjemmer det indre. Det kan forandre seg og mangfoldiggjøres, men det kan aldri svekke den indre sannheten.

Bokstaven var imidlertid nødvendig for at vi skulle prøve å tyde den og oppdage meningen i den indre betydningen.

Alle feiltakelser, splittelser og misforståelser innen de ytre religionene og hemmelige selskapene dreier seg bare om bokstaven, det ytre sløret av symboler, ritualer og seremonier. Det bakenforliggende vil imidlertid alltid være rent og hellig.

Snart vil tiden være inne for dem som søker lyset. Dagen vil komme da det gamle blir forent med det nye; det ytre med det indre, det høyere med det lavere, hjertet med hjernen, og mennesket med Gud, og dette vil skje nå.

Spør ikke, elskede brødre, hvorfor det skal skje nå. For alt har sin tid for dem som er begrenset av tid og rom. Slik er det, i overensstemmelse med den guddommelige visdommens uforanderlige lov. Den som har ordnet alt i harmoni og fullkommenhet.

Den utvalgte bør først arbeide for å utvikle visdom og kjærlighet for å kunne gjøre seg fortjent til kraften som den uforanderlige Gud gir til dem som har kjærlighet og erkjennelse.

Morgen følger natt, og solen stiger opp og alt beveger seg mot middagshøyden hvor alle skygger forsvinner i lysets fullkomne stråleglans.

Derfor må sannhetens bokstav først være til; så kommer den praktiske forklaringen og til slutt selve sannheten. Da viser sannhetens ånd seg, ånden som bevitner sannheten og forsegler lyset. Den som kan motta sannheten, vil forstå.

Elskede brødre som arbeider for å nå sannheten, dere som trofast har bevart symbolet for de hellige mysteriene i tempelet deres. Sannhetens første stråle vil bli rettet mot dere. Denne strålen vil trenge gjennom mysteriets slør og erklære middagstimens lys og skatten den åpenbarer.

Spør ikke om hvem det er som skriver til dere, men rett blikket mot ånden, ikke bokstaven. Undersøk innholdet, ikke personen.

Verken stolthet, hovmot eller uverdige motiver kan finnes i vårt samfunn. Vi kjenner menneskets mål og endelige bestemmelse, og lyset som opplyser arbeidet er til stede i alle våre handlinger.

Vår særegne oppgave er å skrive til dere, elskede brødre av lyset. Det som gir oss styrke til oppgaven er sannheten vi besitter. Sannheten vi vil videreføre til dere vil skje i overensstemmelse med den enkeltes kapasitet.

Lys kan formidles der det er forståelse og evner, men det tvinger ingen og det avventer mottakeren i stillhet.

Vårt ønske, vårt mål og vår oppgave, er å gjenopplive den døde bokstaven og åndeliggjøre symbolene, vende det passive til det aktive, og død til liv. Dette kan vi imidlertid ikke gjøre av oss selv, men gjennom lysets ånd som er hos han som er visdommen, kjærligheten og verdens lys.

Til nå har den indre helligdommen vært atskilt fra tempelet, og tempelet har vært fylt med dem som tilhører periferien. Tiden vil imidlertid komme da det innerste indre vil bli gjenforent med tempelet, slik at de som er i tempelet kan påvirke dem som befinner seg i forgården, slik at de også kan tre inn i det indre.

Alle skjulte mysterier er bevart i helligdommen, de er aldri blitt skjendet av de uinnvidde, eller tilsmusset av de urene. Denne helligdommen er usynlig. Den er en kraft, og den erkjennes bare gjennom dens virke.

Ved hjelp av denne korte beskrivelsen kan dere, mine kjære brødre, forstå hvem vi er, og det burde være unødvendig for oss å forsikre dere om at vi ikke tilhører de rastløse som søker å bygge et ideal etter sin egen fantasi. Vi tilhører heller ikke dem som ønsker å spille noen større rolle her i verden, og som lover mirakler som de ikke engang selv forstår. Heller ikke tilhører vi klassen av mistilpassede personer som vil hevne seg på andre klasser i samfunnet, som ikke har annet mål enn å dominere, og som har en grådighet for eventyr og det ekstravagante. Vi kan også forsikre dere om at vi ikke tilhører noen sekt eller organisasjon foruten det ene, sanne og store samfunnet som utgjøres av dem som er i stand til å motta lyset. Vi tilhører heller ikke de forutinntatte som tror de har rett til å forme alt etter sitt eget mønster og som vil reformere alle andre samfunn. Vi forsikrer dere oppriktig om at vi kjenner religionens og de hellige mysterienes indre vesen, og at vi med absolutt sikkerhet besitter alt som antas å ha befunnet seg i det aller helligste. Vi forsikrer dere videre om at dette gir oss styrken til å rettferdiggjøre vår misjon; å gi ånd og liv til de døde bokstavene og hieroglyfene.

Skattene i helligdommen vår er mangfoldige. Vi forstår ånden og meningen med alle symbolene og seremoniene som har eksistert fra skapelsen til i dag, så vel som alle hellige bøkers innerste sannheter, og lovene som styrer de primitive folkeslagenes sedvaner.

Vi er i besittelse av et lys som vi er blitt salvet med, og ved hjelp av dette lyset leser vi de skjulte og hemmelige tingene i naturen. Vi har en ild som nærer oss, og som gir oss styrke til å påvirke alt i naturen. Vi har en nøkkel som låser opp mysteriets porter, og en nøkkel som kan låse opp naturens laboratorium.

Vi kjenner en pakt som vil knytte oss til de åndelige verdenene, og åpenbare for oss visjonene og lydene deres. Alle naturens undere er underlagt vår vilje, og denne viljen er ett med Guds. Vi har mestret naturens vitenskaper hvor det ikke er noen feilmarginer, men bare sannhet og lys.

I vår skole lærer vi om alt, da mesteren vår er selve lyset. Fullendelsen av vår utdannelse er kunnskapen om pakten mellom det guddommelige og de åndelige verdenene, mellom de åndelige verdenene og de elementære, og de elementære og den materielle verden.

Med denne vitenen er vi i stand til å harmonere urnaturens ånd med menneskets hjerte.

Vår vitenskap er arven som ble lovet de utvalgte. Med andre ord, dem som er forberedt til å motta lyset. Vår praksis er å fullkommengjøre foreningen mellom Gud og menneskebarna.

Vi kunne fortelle dere, elskede brødre, om undrene som er knyttet til helligdommens skattkammer, og dette ville forbauset og forbløffet dere. Vi kunne snakke til dere om ideer som ligger like langt fra den dypeste filosofi som jorden ligger fra solen; men som vi er like nær som det innerste lyset er til ham som er innerst i alt.

Det er imidlertid ikke hensikten vår å vekke nysgjerrighet, men å vekke ønsket om å søke lyset ved kilden, hvor deres søken etter visdom vil bli belønnet og lengselen etter kjærlighet oppfylt.

Visdom og kjærlighet styrer vårt samfunn, og drivkraften i deres virkelighet og sannhet utgjør vår magiske styrke.

Vi forsikrer dere om at våre skatter om enn av uendelig verdi, er skjult på en så enkel måte at det forbløffer vitenskapelige forskere. Selv om disse skattene ville føre til både vanvidd og sorg i vulgære sinn, er de ikke desto mindre vår uvurderlige perle, den høyeste visdom.

Jeg velsigner dere, mine brødre, hvis dere forstår disse dype sannhetene. Gjenervervelsen av det trefoldige ordet og dets kraft skal være deres belønning.

Gleden deres vil ligge i å hjelpe menneskene med å forene seg; forenes med naturen og med Gud. Dette er det virkelige arbeidet for alle som arbeider, og som ikke har forsmådd hjørnesteinen.

Nå har vi fullført vårt oppdrag, og vi vil erklære middagstimen og foreningen av den indre helligdommen med tempelet. Resten overlater vi til deres egen frie vilje.

Vi vet godt, til vår bitre sorg at forløseren ikke ble forstått i Jesu vesen, men ble latterliggjort og hånet av mange.

Allikevel må hans ånd erklæres i templene for at disse ordene ikke skal bli oppfylt: Jeg har banket på din dør, og du har ikke åpnet den for meg. Jeg har kalt, og du har ikke lyttet til min stemme. Jeg har invitert deg til bryllupsfesten, men du var opptatt med andre ting.

Måtte fred og lysets ånd være med deg!

FJERDE BREV

Slik uendeligheten fortaper seg i enheten som er dens utspring; og slik de utallige strålene fra en sirkel forenes i et midtpunkt, slik er det også med mysteriene. Bildene og de utallige symbolene har som eneste målsetning å vise til mysteriene. Den som vet dette har funnet nøkkelen som gir ham fullstendig forståelse.

Det finnes bare én Gud, én sannhet, og én vei som fører til denne veldige sannheten; og det finnes bare én måte å finne den på.

Den som har funnet denne veien, har alt. Han har all visdom samlet i én bok, all styrke i én makt, enhver form for skjønnhet i én enkelt gjenstand, alle rikdommer i én skatt, én fryd i fullkommen lykksalighet. Og summen av alle disse fullkommenhetene er Jesus Kristus som ble korsfestet og som gjenoppsto.

Denne dype sannheten, forklart på denne måten, er bare tro. Den kan imidlertid også bli til eksperimentell viten så snart vi lærer hvordan Jesus Kristus kan være eller bli til alt dette.

Det store mysteriet har alltid vært et undervisningsemne i den usynlige og indre kirkens hemmelige skole. Denne store kunnskapen ble, i kristendommens tidligste dager, kjent under navnet *Disciplina Arcana*.

Fra denne hemmelige skolen stammer alle ritualene og seremoniene som vi nå kjenner fra den ytre kirken. Ånden i disse dype og enkle sannhetene ble imidlertid trukket tilbake til det indre, og i våre dager er den gått fullstendig tapt for det ytre.

Kjære brødre, for lenge siden ble det forutsagt at det som er skjult skal bli åpenbart i de siste dager, men det er også blitt forutsagt at det vil oppstå mange falske profeter. De trofaste er blitt advart om ikke å tro på alle åndene, men å prøve dem om de virkelig kommer fra Gud.

Apostelen forklarer selv hvordan man forsikrer seg om sannheten. Han sier: "Slik kjenner dere Guds ånd: Alle ånder som bekjenner at Jesus Kristus kom til kjødet, er av Gud. Og hver ånd som ikke bekjenner

Jesus Kristus, er ikke av Gud". Det vil si at ånder som skiller det guddommelige og det menneskelige i ham, ikke er av Gud.

Vi bekjenner at Jesus Kristus er kommet til kjødet, og derfor snakker sannhetens ånd gjennom oss. Mysteriet om at Jesus Kristus er kommet til kjødet er omfattende og har stor dybde. I dette ligger også kunnskapen om det guddommelige mennesket, og det er dette vi velger som instruksjonsemne i dag.

Siden vi ikke snakker til dem som er nye for trosspørsmålene vil det være mye lettere for dere, kjære brødre, å motta de guddommelige sannhetene vi presenterer, da dere utvilsomt har gjort det til emne i deres hellige meditasjoner og forberedelser.

Religion er doktrinen om gjenforeningen av mennesket med Gud. Dens eneste formål er derfor å forene alle mennesker med Gud. Gjennom denne foreningen kan menneskeheten finne den høyeste timelige og åndelige tilfredsstillelsen.

Denne gjenforeningsdoktrinen er derfor av høyeste betydning, og som doktrine må den også følges av en metode.

Den første metoden er kunnskapen om den rette veien til gjenforening.

Den andre omfatter riktig fremgangsmåte og hvordan vi skal integrere denne i livet for å nå målet.

Dette viktige konseptet om gjenforening, som alle religiøse doktriner er konsentrert rundt, ville aldri ha vært kjent for menneskene om det ikke var for åpenbaring. Det har alltid ligget utenfor vitenskapens område, men nettopp denne menneskelige uvitenheten har gjort åpenbaringen absolutt nødvendig. Uten åpenbaringer ville vi aldri funnet middelet til å frigjøre oss fra vår tilstand av uvitenhet.

Åpenbaring gjør troen nødvendig. For den som ikke har erfaring eller kunnskap, må nødvendigvis tro om han ønsker å vite og erfare. Hvis troen mangler finnes det ikke noe begjær etter åpenbaring, og mennesket lukker seg da for oppdagelsen av middelet som bare avsløres gjennom åpenbaringen.

Slik som årsak og virkning følger hverandre i naturen, slik gjør de også det i åpenbaring.

Den ene kan ikke eksistere uten den andre, og jo større troen er, desto viktigere vil åpenbaringen av det skjulte være. Det er en soleklar sannhet at alle de skjulte sannhetene i religionene, selv de som er vanskeligst å gripe, vil bli åpenbart en dag, og bli prøvd av den strengeste fornuft. Menneskets skrøpelighet, mangelen på evne til å trenge inn til forholdet og samspillet mellom den fysiske og den åndelige naturen, krever imidlertid at de dypeste sannhetene avsløres gradvis. Mysteriene er skjult på grunn av vår svakhet. Øynene våre kan gradvis venne seg til å tåle det fulle og blendende lyset.

Med hvert skritt som den som tror på åpenbaringene tar, blir synet klarere. Denne progressive opplysningen blir mer og mer overbevisende, da alle sannhetene som erverves på denne måten, blir mer og mer vitalisert, til de til slutt blir til erkjennelse.

Troen hviler derfor på vår svakhet og samtidig på åpenbaringens fulle lys som vil lede oss i overensstemmelse med vår evne til å forstå. Slik vil vi i tidens fylde tilegne oss kunnskap om de opphøyde sannhetene.

Denne kunnskapen, som er ukjent for den naturlige fornuften, tilhører nødvendigvis troens domene.

Mennesket kan bare tilbe og forholde seg taust. Men hvis det ønsker å demonstrere noe som ikke kan manifesteres objektivt, vil det feile. Mennesket bør derfor be og forholde seg taus, til disse trosspørsmålene blir tydeligere og derfor lettere å kjenne igjen.

Alt forstås når vi har fått den indre erfaringen av sannheten åpenbart gjennom tro. Vi oppnår dette da vi ledes av troen til visjonen; med andre ord, til full erkjennelse.

Til alle tider har det vært mennesker som har vært opplyst av Gud, som hadde denne indre kunnskapen om troen. Deres grad av opplysning ble enten helt eller delvis objektivt demonstrert gjennom hvor dypt sannheten om troen hadde trengt inn i forståelsen eller hjertene deres.

Den første graden av visjon kaltes guddommelig opplysningen, og er rent intellektuell. Den andre kaltes guddommelig inspirasjon. For mange er det indre sensoriumet åpnet for guddommelig og overskridende visjoner, som kalles ekstase, da det indre sensoriumet er blitt så velutviklet at det overtar for de ytre fysiske sansene.

Et slikt menneske vil alltid være uforståelig for dem som ikke har noen organer å sanse det sublime og oversanselige med. Vi må heller ikke bli overrasket om en som har vært nær den åndelige verden, oppfattes som ekstravagant eller til og med naiv, av dem som har begrenset dømmekraften sin gjennom verdslige perspektiver. "Slik menneskene er i seg selv, tar de ikke imot det som hører Guds ånd til. Det er dårskap for dem, og de kan ikke fatte det, for det kan bedømmes bare på åndelig vis." (1. Kor, 14,2). Dette er fordi hans åndelige sanser ikke er åpne for den oversanselige verdenen. Et slikt menneske kan ikke ha mer objektiv kjennskap til denne verdenen, enn en blind har kjennskap til farger. Slik har menneskene mistet disse indre sansene, eller mer som om at deres utvikling er blitt neglisjert til grensen av atrofi.

Det fysiske mennesket er derfor som oftest åndelig blind. De indre øynene er lukkede, som følgene av fallet. Mennesket er derfor dobbelt ynkelig, for ikke bare er øynene blinde for de høyere sannhetene, men hjertet lider som en fange i lenkene av kjøtt og blod. Et bånd som holder ham bundet til de sanselige gledene, på bekostning av de som er mer opphøyde og ekte. Derfor er vi slaver av det tyranniske kjødelige begjæret. Derfor sleper vi oss frem, slik som en lam person støtter seg til krykkene sine. Den ene krykken er den svake menneskelige fornuft, og den andre er tankene våre. Den ene fyller oss daglig med det som er uvirkelig i stedet for det som er virkelige, mens den andre får oss til å velge det onde, mens vi tror det er godt. Slik er vår ulykkelige tilstand.

Mennesket kan bare være tilfreds når bindet som skjuler det sanne lyset, faller fra øyne våre, og når slaveriets lenker løsnes.

Den blinde må se, og den lamme må gå, før han kan erkjenne noen tilfredshet. Den store og altoverskyggende loven som menneskets tilfredshet er uløselig knyttet til, er imidlertid denne: "La visdommen råde over dine grådigheter".

Menneskene har anstrengt seg gjennom århundrene, for å formidle og lære, men etter århundrer er resultatet bare blitt at den blinde leder den blinde. Vi kan ikke se at vi er handlingslammete i all den tåpeligheten og jammeren vi er sunket ned i. Mennesket krever mer enn et menneske for å komme seg ut av denne tilstanden.

Fordommer, feiltakelser, forbrytelser og laster endrer seg bare fra det ene århundret til det andre; de blir aldri utryddet. Fornuft uten opplysning blafrer svakt i hver eneste generasjon, i det åndelige mørkets tunge atmosfære. Hjertet, som er utmattet av sine lyster, forblir også det samme.

Det er bare én som kan helbrede disse sårene; bare én som er i stand til å åpne de indre øynene våre, bare én som kan frigjøre oss fra sanselighetens lenker.

Denne ene er Jesus Kristus, menneskets forløser. Forløser, fordi han vil oppløse konsekvensene av den naturlige fornuftens blindhet, de feiltakelsene som har slått rot i oss, som følge av pasjonene som raser i det uregjerlige hjertet.

Det er veldig få, kjære brødre, som har en sann og nøyaktig forståelse av den storhet som rommes av tanken om menneskets forløsning. Mange tror at Jesus Kristus bare har forløst oss fra fordømmelse, det vil si den uendelige separasjon av Gud og mennesket, ved sitt blod. De tror imidlertid ikke at han også kan forløse dem som er bundet til ham, og som har tillit til ham, fra alle trengsler i den jordiske eksistensen.

Jesus Kristus er verdens forløser, og han er den som frigjør oss fra all menneskelig elendighet. Han har frelst oss fra død og overtredelse. Hvordan kan han være alt dette, når verden fortsatt lider i uvitenhetens natt og grådighetenes lenker?

Det er forutsagt av profetene at hans folks forløsning, den første sabbaten, skal komme. Vi burde for lengst ha anerkjent dette høyst beroligende løftet, men savnet etter den sanne kunnskapen om Gud, mennesket og naturen har vært den virkelige hindringen som alltid har sperret for synet av de store mysteriene.

Dere skal vite, mine brødre, at det finnes en todelt natur. Den ene er ren, åndelig, udødelig og uforgjengelig; den andre uren, materiell, dødelig og forgjengelig. Den rene naturen eksisterte før den urene. Den urene, oppsto utelukkende som en følge av brytningen og misforholdet i materien som danner den forgjengelige naturen. Derfor er ingenting varig før alle misforhold og dissonanser er utryddet, slik at alt igjen kommer i harmoni.

Den ufullkomne unnfangelsen av mennesket gjennom ånd og materie, er en av hovedårsakene til at mange sannheter om troen ikke stråler i sin sanne stråleglans.

Ånd er en substans, en essens, en absolutt virkelighet. Derfor er også dens egenskaper uforgjengelighet, ensartethet, udelelighet og kontinuitet. Materien er ikke noen substans, den er et aggregat og dermed forgjengelig, delelig og foranderlig.

Den oversanselige verdenen er en verden som har en ekte objektiv eksistens; den er fullkommen, ren og uforgjengelig med midtpunktet vi kaller Kristus. Dens beboere kjennes som engler og ånder.

Den fysiske verdenen er fenomenenes verden, og den har ingen absolutte sannheter; det vi kaller sannhet i denne verdenen, er bare relative skygger og fenomener.

Den naturlige fornuften låner alle sine ideer fra sansene, derfor er de livløse og døde. Vi tar alt fra den ytre objektiviteten, og fornuften er som en ape som etterligner det naturen viser den. Det er slik lyset fra sansene våre, danner grunnlaget for vår jordiske fornuft. Sanseinntrykk er motivet for viljen, da den går i retning av de animalske behovene og deres tilfredsstillelse. Vi føler imidlertid de høyere motivene, men til nå har vi ikke visst hva vi skulle søke etter eller hvor vi skulle finne dem.

I denne verdenen hvor alt er forgjengelig, er det ingen nytte i å lete etter ren fornuft, moral eller et motiv for viljen. Dette må man søke i en mer opphøyd verden hvor alt er rent og uforgjengelig, der det hersker et vesen som er absolutt visdom og kjærlighet. Et vesen som gjennom visdommens lys kan være vår sanne kilde til fornuft, og som gjennom sin kjærlighets varme er en ekte moralsk ledestjerne. Derfor kan heller ikke denne verdenen bli tilfredsstilt før menneskeheten kan forene seg med dette virkelige vesenet, i ett og alt.

Kjære brødre; opphavsmennesket er sammensatt av en uforgjengelig og åndelig substans. Det falne mennesket består av materielle substanser; ubestandige, korrupte og forgjengelige. Det forgjengelige og det evige er på denne måten innesperret i den forgjengelige materien.

Dermed er to motstridende krefter samlet i samme mikrokosmos.

Den forgjengelige substansen lenker oss til det sanselige, mens den andre vil befri oss og heve det åndelige i oss. Her står den uopphørlige striden mellom det gode og det onde. Det gode søker klokskap og hederlighet, mens det onde søker villfarelse og henførelse hver eneste dag.

Den fundamentale årsaken til menneskets fordervelse er å finne i materien som skapte mennesket. For denne grove materien motarbeider det oversanselige og åndelige prinsippet og er den sanne årsaken til vår manglende forståelse og feilgrep.

Porselenet er like skrøpelig som leiren det er dannet av. Den skjønneste porselensgjenstanden vil alltid være skrøpelig da materialet den er laget av er skjørt. Slik forblir mennesket også skrøpelig uavhengig av ytre dannelse.

Når vi undersøker årsakene til hindringene som holder mennesket i denne dype fornedrelsen, finner vi dem i den grove materien, der det åndelige er begravet og bundet.

Kjødets ubøyelighet og temperamentenes ubevegelighet hos dem som ønsker å lyde åndens forfinede impulser, er de materielle lenkene som binder oss. Det er disse som hindrer ånden i å utøve sine høyere funksjoner.

Den underliggende kraften og fornuftens naturlige flyt kan bare gi oss en overfladisk oppfattelse av fenomenene og ikke av sannheten og tingene i seg selv. Da vi ikke har tilfredsstillende likevekt til å motstå fenomenologiske fremstillinger gjennom ren tankekraft, eller en vilje som er sterk nok til å oppheve de voldsomme ytre sanseinntrykkene, blir resultatet at vi styres av følelsene. Fornuftens indre hviskende stemme overdøves av bråket fra ytre inntrykk som holder mekanismene gående.

Det er riktig at fornuften prøver å heve seg over denne uroen, for å avgjøre striden, for å gjenopprette roen gjennom lyset og kraften til å ta avgjørelser. Anstrengelsene kan imidlertid sammenlignes med solstråler som hindres av et skydekke.

Den grove materien som mennesket deler med den fysiske verdenen, og som utgjør alle fibre i dets vesen, er årsaken til uviljen som holder sjelen nede i vedvarende ufullkommenhet.

Vår tankes treghet, er en følge av det grove og ubøyelige materialet som utgjør kjødets bånd og er den virkelige kilden til alle feiltagelser og overtredelser.

Fornuften som skulle være den absolutte lovgiver, slavebindes bestandig av sanseligheten som opphøyer seg selv til hersker. Når fornuften er bundet, gjør begjæret som det vil.

Denne sannheten har lenge vært kjent, og man har alltid lært at fornuften bør være den eneste lovgiveren. Den skulle styre viljen og aldri bli styrt selv. Store og små kjenner denne sannheten. Men så snart man vil handle på denne måten, seirer grådigheten over fornuften, og tvinger den til å underlegge seg den animalske viljen. Slik veksler seier og nederlag i alle mennesker; seier og nederlag avløser hverandre. Virkning og motvirkning svinger mellom godt og ondt; det sanne og det falske.

Hvis mennesket ønsker å bli ledet til det som er sant og godt, det vil si å handle etter fornuftens lover og den rensede viljen, må den rene fornuften være enehersker. Men hvordan kan dette gjøres når materien vi er laget av, er mer eller mindre dyrisk, delelig og forgjengelig? Opphavet til elendighet, sykdom, fattigdom, død, savn, fordommer, feiltakelser og laster, er de naturlige følgene av begrensningen av den udødelige ånden. Den som er fanget i den dyriske og forgjengelige materiens lenker. Fornuften må seire. Sanseligheten må nødvendigvis herske hvis fornuften er bundet -det vil si; om et svakt og urent hjerte forkaster det rene lyset.

Ja, venner og brødre; slik er menneskets alminnelige skjebne, og da denne tilstanden forplanter seg fra menneske til menneske, kan den riktig nok kalles den arvelige fordervelsen av menneskeheten.

Vi ser vanligvis at fornuften påvirker hjertet, men bare i forhold til den materielle sammensetningen som mennesket består av. Det er derfor spesielt oppsiktsvekkende at solen gir liv til denne animalske materien. Den animalske materien har et forhold til solen, som gjør at den egner seg til den dyriske økonomiens funksjoner, og gjør den mer eller mindre mottakelig for åndelig innflytelse.

Forskjellen mellom nasjonene, og deres særegenheter med tanke på klima, forskjellige karaktertrekk, grådigheter, oppførsel, fordommer og skikker, og selv deres dyder og laster; avhenger av den spesielle sammensetningen av materialet de er laget av, og som styrer den fangede ånden. Menneskets anlegg for kultur er modifisert etter denne materiens sammensetning. Dette påvirker også vitenskapene. Kulturen kan bare påvirke menneskene så lenge det er tilgjengelig og mottakelig for den. Kulturen som egner seg for disse menneskene, er delvis avhengig av klima og delvis av avstamning.

Normalt er menneskene jevnt over svake og sanselige. De er bare kloke når det fysiske legemet tillater fornuften å seire over det sanselige, eller ukloke hvis det sanselige får overhånd over den mer eller mindre fangede ånden. Her ligger det gode og det onde i alle nasjoner, så vel som i alle individer. Vi finner stort sett den samme forderveligheten i det materialet som mennesket er laget av alle steder, skjønt i forskjellige former og modifikasjoner.

Fra den laveste dyriske tilstanden hever mennesket seg til den sosiale tilstanden. Først og fremst gjennom savn og ønsker, styrke og list. Hovedegenskapene i det animalske består og videreutvikles i mennesket.

Modifikasjonene av disse fundamentale dyriske tendensene er endeløse. Det høyeste nivået mennesket har nådd i sin kulturelle utvikling, har i øyeblikket ikke ført det lenger enn til å gi dets dyriske instinkter en finere fasade. Med andre ord, har vi hevet oss fra beist, til å bli et forfinet dyr.

Denne perioden var imidlertid nødvendig for å innlede en ny æra. En ny tid hvor de fullt utviklede dyriske instinktene, fortsetter utviklingen av høyere begjær, mot lys og fornuft.

Jesus Kristus skrev disse vakre ordene på våre hjerter, da han sa at mennesket måtte lete etter sorgens opphav i seg selv. Han sa også at om noen gjør deg urett syv ganger daglig, og går mot deg syv ganger, skal du tilgi ham om han angrer.

Slik ville han fortelle oss at i selv et menneske av beste slag, er åndens syv krefter fortsatt så lukkede at de syv sanselige kreftene daglig overvinner ham.

Slik er selv den beste utsatt for feil og lidelser. Selv den beste er svak og fallen. Selv den beste er ikke et fritt menneske og derfor heller ikke unntatt fra smerter eller vanskeligheter. Selv den beste er underkastet sykdom og død; fordi alt dette er en uunngåelig følge av egenskapene i det forgjengelige materialet som mennesket er laget av.

Det kan derfor ikke være noe håp om større tilfredshet i menneskeheten så lenge det forgjengelige utgjør størsteparten av oss. Tanken om at det ikke er mulig for menneskeheten å nå den sanne fullkommenheten selv, er deprimerende. Samtidig rommer denne grunnleggende umuligheten en trøst, da et mer opphøyd og fullkomment vesen har latt seg ikle denne dødelige forgjengelige skikkelsen. Han gjorde dette for at det dødelige skulle bli udødelig, og det forgjengelige uforgjengelig. Dette er også den virkelige grunnen til inkarnasjonen av Jesus Kristus.

Jesus Kristus, lysets salvede og Guds stråleglans; visdommen fra Gud, Guds sønn, det virkelige ordet som skapte alt, og som har eksisterte fra begynnelsen.

Kristus, Guds visdom, som virker i alt, var paradisets og lysverdenens sentrum.

Han var den eneste, virkelige organismen, som den guddommelige kraften kunne kommunisere gjennom, og denne organismens natur, er udødelig og ren. Kristus er denne uforgjengelige substansen som gir nytt liv, og løfter alt til fullkommenhet og tilfredshet. Denne rene, uforgjengelige substansen, er det rene elementet som det åndelige mennesket levde i.

Fra dette fullkomne elementet, som bare Gud kan bebo, og som det første mennesket ble dannet fra, ble også det første mennesket atskilt gjennom fallet.

Ved å spise av kunnskapens tre om det gode og det onde, og å blande det gode og uforgjengelige prinsippet med det onde og forgjengelige, forgiftet mennesket seg selv, så dets udødelige essens trakk seg tilbake til det indre. Det dødelige trengte seg på, og festet seg på ham.

Slik forsvant udødeligheten, freden og livet. Dødeligheten og døden ble resultatet av denne forandringen.

Mange mennesker kan ikke forstå tanken om kunnskapens tre. Dette treet var imidlertid produktet av det bevegelige, men sentrale materialet. Det forgjengelige prinsippet hadde fått overtaket over det uforgjengelige.

Adam nøt denne frukten for tidlig, derfor ble han forgiftet. Det tok fra ham udødeligheten og dekket ham med forgjengelige materie. Så ble han et bytte for de elementene han opprinnelig regjerte over.

Denne ulykkelige begivenheten var imidlertid grunnen til at den udødelige visdommen, det rene åndelige elementet, kledde seg i et uenhetlig legeme og ofret seg selv frivillig, slik at de indre kreftene skulle kunne trenge inn i sentrum av ødeleggelsen, og gradvis endre det dødelige til udødelighet.

Da det ble slik at det udødelige mennesket ble dødelig, ved å spise den dødelige frukten, er det også naturlig at det dødelige mennesket kan gjenvinne sin tidligere verdighet ved å nyte det udødelige.

Alt skjer naturlig og enkelt under Guds styre, men for å kunne forstå denne enkelheten, må vi ha en ren forståelse av Gud, naturen og opphavsmennesket. Og om de mest opphøyde sannhetene innen troen fortsatt er innhyllet i ugjennomtrengelig mørke, så er grunnen til dette at vi til nå har levd med et brudd i forbindelsen mellom Gud, naturen og mennesket.

Jesus Kristus snakket til sine nærmeste venner, mens han fortsatt var på jorden, om regenerasjonens store mysterium. Alt han sa, var imidlertid uklart for dem, og de kunne ikke fatte det da. Utfoldelsen av disse dype sannhetene, var derfor forbeholdt senere tider, slik som religionens største og siste mysterium, som gjør at alle mysteriene danner et hele.

Regenerasjonen er ikke annet enn oppløsningen av, og frigjørelsen fra denne urene og forgjengelige materien, som holder vår udødelige essens fanget og senker den ned i en dyp dødelig søvn. Derfor må det nødvendigvis finnes en metode, som kan nøytralisere denne giftige gjæringsprosessen, som gir oss så mye lidelse. Stoppes den, vil dette frigjøre den hemmede vitaliteten.

Det finnes imidlertid ikke noe annen måte å finne denne på, enn gjennom religion. Religiøs bruk av vitenskapelig metode. Dette er doktrinen som forkynner gjenforeningen av Gud og mennesket. Religion må derfor nødvendigvis også vise oss, hvordan vi skal kunne oppnå dette.

Er ikke Jesus og hans levende kunnskap, Bibelens sanne ledestjerne, og sentrum for alle kristnes begjær, håp og bestrebelser? Har vi ikke fått de dypsindigste løsningene på de skjulte sannhetene fra vår Herre og mester, mens han ennå vandret med sine disipler?

Ga han dem ikke de høyeste åpenbaringene med hensyn til sin person da han var hos dem i sitt forherligede legeme, etter gjenoppstandelsen? Og førte han dem da ikke enda dypere inn i den sentrale kunnskapen om sannheten?

Vil han ikke virkeliggjøre det, som han sa i sin geistlige bønn (Johannes 17. 22-23): "Den herligheten du har gitt meg, har jeg gitt dem, for at de skal være ett, slik vi er ett; jeg i dem og du i meg, så de helt og fullt kan være ett. Da skal verden skjønne at du har sendt meg, og at du elsker dem slik du har elsket meg."

Da herrens disipler ikke kunne fatte det store mysteriet om den nye og siste pakten, flyttet Jesus Kristus denne erkjennelsen til senere tider, til den fremtiden vi nærmer oss nå. Denne alliansen kalles fredsunionen.

Det er da Guds lov vil bli preget på våre hjerters hjerte. Da skal vi kjenne Gud alle sammen. Vi skal være hans folk, og han vår Gud.

Alt er lagt til rette for gjenforeningen med Gud. Og det hellige elementet, menneskehetens aktive medisin, avsløres av Guds ånd.

Herrens bord er dekket, og alle er invitert. "Englenes sanne brød" er tilberedt, som det står skrevet "Våre forfedre spiste manna i ødemarken; han ga dem himmelsk brød å spise."

Da sa Jesus til dem: Sannelig sier jeg dere; det var ikke Moses som ga dere brød fra himmelen, men min fader. Han gir dere sant himmelsk brød.

Det store og hellige i mysteriet som rommer alle mysterier, forplikter oss til taushet, og vi har ikke lov til å fortelle om annet enn virkningen.

Det forgjengelige og det som kan tilintetgjøres, er tilintetgjort og blitt erstattet av det uforgjengelige. Det indre sensoriumet åpner seg og knytter oss til den åndelige verdenen. Vi opplyses av visdom, ledes av sannhet og næres av kjærlighetens fakkel. Det utvikler seg en uant styrke i oss som kan overvinne verden, kjødet og det onde. Vi fornyes i vår helhet, slik at vi kan huse Guds ånd. Vi får herredømme over naturen, samkvem med de høyere verdenene, og gleden over å være i synlig samkvem med herren.

Uvitenhetens slør faller fra øynene våre, sanselighetens lenker brytes og vi gleder oss i friheten; som Guds barn.

Vi har fortalt dere de viktigste og mest betydningsfulle sannhetene. Hvis de sannhetstørste hjertene deres, har tilegnet seg de rene tankene dere har fått her, og om begjæret er besvart ved at dere har mottatt velden og velsignelsen av hvordan tingene er i seg selv; da vil vi fortelle dere mer.

Måtte Guds herlighet, og fornyelsen av hele deres vesen, være deres høyeste håp!

FEMTE BREV

I vårt forrige brev, mine kjære brødre, ga dere meg deres fulle oppmerksomhet med hensyn til det største mysteriet, Guds virkelige besittelse. Det er derfor viktig å kaste mer lys over dette emnet.

Mennesket er, som vi vet, ulykkelig i denne verdenen fordi det er skapt av forgjengelig materiale, og dette fører til plager og sorger. Dette skrøpelige hylsteret, det vil si legemet, utsetter oss for elementenes, smertens, fattigdommens, lidelsenes og sykdommens stormer. Dette er vår alminnelige skjebne, fordi vår udødelige ånd lider i sansenes lenker.

Mennesket er ulykkelig fordi det er sykt i legeme og sjel. Det er ulykkelig fordi det ikke har noen ordentlig medisin for verken legemet eller sjelen.

De som plikter å styre og lede andre mot fred, er også som de øvrige, like svake og underkastet de samme grådighetene og fordommene.

Hvilken skjebne kan da menneskeheten forvente? Skal størstedelen alltid være ulykkelige? Finnes det ingen forløsning for alle?

Brødre, dersom menneskeheten som helhet noensinne skal være i stand til å heve seg til en tilstand av sann tilfredshet, så vil dette bare være mulig under følgende forutsetninger: For det første må fattigdom, smerte, sykdom og sorg bli mer ualminnelige.

For det andre må grådighet, fordommer og uvitenhet begrenses.

Er alt dette mulig for den menneskelige naturen, når erfaringen viser at lidelsene fra det ene århundret til det andre, bare antar nye former? Grådighet, fordommer og feiltakelser har alltid skapt de samme ondene. Det er mulig om vi erkjenner at de bare forandrer form, og at mennesket til alle tider i stor grad forblir det samme.

Det er satt en grusom dom over menneskeheten. Denne dommen er at mennesket aldri vil kunne bli tilfredsstilt så lenge det ikke vil skaffe seg visdom. Mennesket vil imidlertid aldri bli klokt så lenge grådigheten hersker over fornuften, så lenge ånden lider i kjødets og blodets lenker.

Hvor er det mennesket som ikke har noe begjær? La ham tre frem. Er vi ikke alle, mer eller mindre, bundet av begjæret? Er vi ikke alle slaver og forvillede?

Denne erkjennelsen av vår uanselige tilstand vekker ønsket om forløsning. Vi løfter våre øyne mot det høye og en engels stemme lyder: Mennesket skal bli lindret i sine sorger.

Ettersom mennesket er sykt i legeme og sjel, må denne dødelige sykdommen ha en årsak. Denne årsaken finnes i selve materialet som mennesket er skapt av.

Det forgjengelige sperrer det uforgjengelige inne, lysets visdom er omsluttet av mørke, forvillelsens spire er i oss. I denne spiren ligger opphavet til menneskets korrupsjon, arvesyndens utbredelse og forevigelse.

Mennesket kan bare helbredes gjennom ødeleggelsen av denne gjærende fordervelsen, og derfor trenger vi en lege og et legemiddel som kan kurere oss. Derfor kan ikke en pasient helbrede en annen pasient. Den forgjengelige materiens menneske, kan ikke omskape seg til et uforgjengelig menneske. Død materie kan ikke vekke det døde, den blinde kan ikke lede den blinde. Bare den fullkomne kan føre noe til fullkommenhet. Bare det uforgjengelige kan gjøre det forgjengelige uforgjengelig. Bare den levende kan vekke de døde.

Denne legen og denne aktive medisinen finnes ikke i døden eller i ødeleggelsen, men i den høyere naturen; der alt er fullkommenhet og liv.

Det er mangel på kunnskap om harmonien mellom Gud og naturen, og mellom naturen og mennesket, som er den virkelige grunn til alle fordommene og feiltakelsene. Teologer, filosofer og moralister vil forbedre verden. Men de fyller den med endeløse motsigelser.

Teologene ser ikke Guds forening med naturen og tar derfor feil. Moderne filosofer studerer bare materien, og ikke forbindelsen mellom den rene naturen og den guddommelige naturen, og gir derfor uttrykk for de mest troløse meninger. Moralister vil ikke erkjenne korrupsjonen i den menneskelige naturen, og tror de kan helbrede den med ord, mens det egentlig kreves handling.

Slik fortsetter verden, mennesket og Gud, i konstant uenighet. Den ene mening bryter ned den andre. Overtro og villrede dominerer skiftevis samfunnet, og holder mennesket borte fra det sårt tiltrengte sannhetsordet.

Det er bare i de sanne visdomsskolene at man kan lære å kjenne Gud, naturen og mennesket. I disse skolene har det blitt arbeidet i stillhet i tusener av år for å nå den høyeste graden av viten; vitenen om foreningen av mennesket med urnaturen og Gud.

Dette høye målet, som alt leder til, har vært symbolsk representert for menneskene i alle religioner. Symboler og hellige tegn er bare bokstaver som gjør at mennesket, trinn for trinn, kan nå opp til det største av alle mysteriene i det guddommelige, naturlige og menneskelige. Med andre ord, utgjør de midlene som gjør at mennesket vil kunne lære å helbrede sin ulykkelige tilstand; gjennom foreningen av sitt vesen med den rene naturen, og med Gud.

Vi har oppnådd dette med Guds veiledning. Gud husker pakten med mennesket. Han har gitt mennesket muligheten til å bli helbredet, muligheten til å gjenopprette menneskets opprinnelige verdighet - foreningen av seg selv med den rene naturen og Gud.

Kunnskapen om denne metoden er helgenenes og de utvalgtes vitenskap, den utgjør arven som ble lovet Guds barn.

Og nå, mine kjære brødre, ber jeg dere lytte oppmerksomt til det jeg har å si: Det finnes en uhellig substans, som er skjult i blodet. Denne kalles gluten, og er nærmere knyttet til det dyriske enn til det åndelige mennesket. Glutenet er selve fordervelseslegemet.

Denne substansen kan modifiseres på forskjellige måter, ettersom den stimuleres av sansene. Og når disse endringene kommer, medfører det forskjellige skadelige tendenser hos mennesket.

I sin uforedlede form fremkaller gluten stolthet, og i sin ytterste konsekvens, griskhet, rigiditet og egoisme. I sin frastøtning medfører det aggresjon og vrede. I sin kretsgang medfører det usedelighet og manglende selvkontroll. I sin eksentrisitet medfører det begjær og drukkenskap. I sin konsentrerte form medfører det misunnelse og latskap.

Denne gjærende fordervelsen, er på samme måten som arvesynden, mer eller mindre tilstede i blodet til alle mennesker. Den videreføres fra far til sønn, og gjennom dens utbredelse, hindrer den at ånd og materie kan virke samtidig.

Det er riktig at mennesket, gjennom sin viljekraft, kan begrense fordervelseslegemets virksomhet, slik at det blir mindre aktivt. Det ligger imidlertid utenfor dets evne å ødelegge eller utslette det fullstendig.

Dette er årsaken til den vedvarende kampen vi bestandig fører mellom det gode og det onde i oss selv.

Det er dette fordervelseslegemet som former båndet mellom kjødet og blodet. På den ene siden binder det oss til vår udødelige ånd, og på den andre siden til tendensene hos det dyriske mennesket. Fordervelseslegemet er, som det var, de dyriske grådighetenes lokkemiddel, som ulmer til det til slutt tar fyr.

Den voldsomme reaksjonen i fordervelseslegemet, som stimuleres ved sansene, er årsaken til at vi i mangel på saklig dømmekraft, velger både det onde og det gode. Dette skjer fordi den aktive gjæringsprosessen i denne materien gjør det vanskeligere for ånden å instruere og støtte fornuften.

Denne onde materien er også årsaken til uvitenheten vår. Dens tykke og usmidige substans legger seg på de fine hjernefibrene, og forhindrer fornuftens nødvendige medvirkning for forståelsen.

Derfor er denne fordervede materiens egenskaper falskhet og alle onder. Dette er egenskapene til fordervelseslegemet. På samme måte som det gode og det sanne er nødvendige kvaliteter for det åndelige prinsippet i oss.

Ved å erkjenne og fullt ut forstå fordervelseslegemet, forstår vi at vi er moralsk syke vesener, at vi trenger en lege med en medisin som kan ødelegge og utrydde den onde gjæringsprosessen i oss. Vi trenger et middel som kan gjenopprette moralsk vitalitet.

Vi lærer også å innse at ren moralisering er av liten nytte, når konkrete midler er påkrevd.

Vi har moralisert i århundrer, men verden er og forblir den samme. En lege ville ikke gjøre mye nytte ved å bare snakke om medisinene sine; han må bruke dem. Han må imidlertid først stille diagnosen for personens tilstand.

Menneskehetens nåværende tilstand, menneskets moralske sykelighet, er et klart tilfelle av forgiftning. En forgiftning som fulgte av at han spiste frukten fra treet som var dominert av den forgjengelige materien.

Den første virkningen av denne forgiftningen var at det uforgjengelige livsprinsippet, i motsetning til fordervelseslegemet. Utviklingen av dette førte til Adams perfeksjon, og det konsentrerte seg innover. Det ytre ble overlatt til elementene. Slik ble den udødelige essensen dekket av dødelig materie. Tapet av dette sentrale lyset ble derfor årsaken til alle menneskets lidelser. Forbindelsen med lysets verden ble brutt. Det indre øyet, som hadde evnen til å se den objektive sannheten ble lukket, og det fysiske øyet åpnet seg for en verden bestående av fenomener i evig endring.

Mennesket mistet all sann tilfredshet. Under disse forholdene ville han for alltid ha mistet muligheten for å gjenvinne helsen, om det ikke var for Guds kjærlighet og barmhjertighet. Gud, som ikke har noen annen målsetning enn å sikre skapningenes tilfredshet, ga straks mennesket en medisin. Dette middelet kunne han og ettertiden stole på, slik at han, mens han fortsatt var forvist, kunne styrke seg i sin ulykke med hengivenhet og selvoppgivelse. Gjennom sin pilegrimsferd kunne han finne stor trøst i at alle hans forgjengelige deler kan gjenopprettes ved en forløsers kjærlighet. Fortvilelse ville ha vært menneskets skjebne, om det ikke hadde fått en slik åpenbaring.

Før fallet var mennesket det levende Guds tempel, og da dette tempelet ble ødelagt var gjenoppbygningen av det allerede planlagt av Guds visdom. I denne perioden ble de hellige mysteriene innført i alle religionene. Mysteriene fremstår på tusenvis av forskjellige måter, alt etter tiden, forholdene, og forståelsen til de forskjellige nasjonene. Symbolene uttrykte imidlertid, i deres gjentagelser og modifikasjoner, bare én enkelt sannhet; og denne ene sannheten er regenerasjonen, og gjenforeningen av mennesket med Gud.

Før syndefallet var mennesket fullt av visdom. Det var ett med visdommen, men etter syndefallet bestod ikke denne enheten. Derfor ble det absolutt nødvendig med en effektiv metode for mottakelse av åpenbaringer, slik at enheten kunne gjenopprettes.

Den første åpenbaringen var følgende: Udødelighet består av at det udødelige tillater det dødelige. Udødelig substans er guddommelig substans, og er ikke annet enn den allmektige som viser seg gjennom urnaturen i sin herlighet. Den guddommelige substansen er substansen til verden og åndene - eller Gud, som alle ting beveger seg i, og hvor de har sitt vesen.

Det er en ugjenkallelig lovmessighet at ingen skapninger kan være fullt ut tilfredsstilt, når de er atkilt fra sin kilde. Denne kilden er selve Guds herlighet.

Gjennom å innta forgjengelig næring ble mennesket selv forgjengelig og materielt. Materien plasserer seg derfor på en måte mellom Gud og mennesket. Det vil si at mennesket ikke er direkte gjennomtrukket av guddommelighet, og som følge av dette er det underkastet lovene for den falne naturen.

Det guddommelige i mennesket, fanget i materiens lenker, er dets udødelige del. Den guddommelige delen, er den som skulle ha vært frigjort for at den igjen skulle kunne herske over det dødelige. Da ville mennesket nok en gang gjenvinne sitt opphavs storhet.

Det er imidlertid behov for et middel som kan ta frem det som er gjemt. Det falne og uvitende mennesket kan verken kjenne eller forstå dette middelet. Han kan ikke engang kjenne det igjen, fordi han har mistet den rene kunnskapen og den sanne visdommens lys. Han kan ikke få tak i det fordi denne medisinen er skjult i den indre naturen og han har verken styrken eller evnen til å frigjøre denne skjulte kraften. Åpenbaring er nødvendig for å kjenne, eie og fatte den.

Da mennesket måtte forløses, bestemte Guds sønn seg i sin visdom for å gi seg selv til menneskene for at de skulle kjenne ham, slik at mennesket skal kjenne den sanne substansen som alle ting er laget av.

I denne rene substansen ligger det en kraft. En kraft som gjenoppliver alle døde substanser og som renser alt som er urent.

Før denne kraften kunne bli frigjort, og det innerste av mennesket, det guddommelige i oss enda en gang kunne bli gjennomtrengt og regenerert, måtte den guddommelige substansen inkarnere i den fysiske verden. Den måtte bli menneske for å overføre den guddommelige og regenererende kraften til menneskeheten. Denne gudemenneskelige formen måtte også dø for at den guddommelige og uforgjengelige substansen i blodet skulle trenge inn i jorden. Blodet som ble utgytt ville gradvis fremkalle en oppløsning av den forgjengelige materien, slik at mennesket engang i tiden skulle ta del i en ren og regenerert verden: Et sted hvor livets tre ble plantet på ny. Og ved å spise av disse fruktene, som inneholder den sanne, udødelige essensen, ville dødeligheten dø i oss og mennesket bli helbredet på samme måte som han tidligere ble forgiftet av å spise dødens frukt.

Dette er den første og viktigste åpenbaringen. Den omfatter alt, og den er blitt nøye bevart blant Guds utvalgte frem til i dag.

Den menneskelige naturen trengte en forløser, og denne forløseren var Jesus Kristus, Guds visdom og virkeliggjørelse. Han kledde seg i det falne menneskets form for å kommunisere den guddommelige og udødelige substansen til verden på ny, og denne substansen var ikke annet enn ham selv.

Han tilbød frivillig seg selv for at den rene og sentrale kraften i blodet Hans skulle kunne trenge inn i alle jordens skjulte avkroker, og ga mulighet for den høyeste fullkommenhet.

Kristus gikk inn i det aller helligste, som yppersteprest og offer. Etter å ha utført alt det som var nødvendig, la han grunnlaget for det kongelige presteskapet blant sine utvalgte, og han lærte dem det han kunne og overførte sin kraft til dem. Nå skulle de, som åndens førstefødte, lede andre mennesker, deres brødre, til universell fred.

Og her begynner de utvalgtes og den indre kirkens mysterier.

Regenerasjon er den kongelige og geistlige kunsten; kunsten å gjenforene det falne mennesket og Gud. Den kalles en kongelig kunst fordi den gir mennesket kraft og herredømme over naturen. Den kalles geistlig, fordi den helliggjør og fullkommengjør alt, sprer velsignelse og innvielse alle steder.

Denne kunsten kommer fra den muntlige åpenbaringen fra Gud. Det var alltid den indre kirkens profeter og helgener som kunne denne kunsten. Den anerkjente ingen annen yppersteprest enn Jesus Kristus.

Denne kunsten har et trefoldig formål: For det første å regenerere individet, eller de utvalgtes frukter; for det andre mange andre mennesker, og for det tredje, hele menneskeheten. Dens oppgave består i den høyeste fullkommengjørelse av seg selv, og alt i naturen.

Denne kunnskapen er aldri blitt undervist på andre måter enn gjennom Den Hellige Ånd, eller gjennom de som var forent med den. Den overgår all annen viten fordi det bare er den som kan gi kunnskap om Gud, naturen og mennesket. Naturvitenskapene kan ikke forstå Gud, naturen, mennesket, eller menneskets endelige mål. Denne kongelige kunsten gir evnen til å forstå det som er rent og intakt, og skiller dette fra det som er korrupt og urent; ved å skille det første fra det andre. Kort sagt er dette kunnskapen om Gud i mennesket og det som er guddommelig i naturen. Dette er, som det alltid har vært, det guddommelige avtrykket eller seglet som gjør at våre indre selv kan åpne seg og oppnå forening med det guddommelige.

Denne gjenforeningen er det høyeste målet, og presteskapet utledet sitt navn fra dette; religion, *clerus regenerans*.

Melkisedek var den første prestekongen. Alle Gud og naturens sanne prester stammer fra ham. Jesus Kristus var selv forent med ham, som prest etter hans orden.

Dette ordet; Melkisedek, er bokstavelig talt av høyeste betydning. Navnet betyr instruksjon i livets sanne substans, og utskillelsen av denne sanne vitale substansen fra det dødelige hylsteret som omgir den.

En prest er en som skiller det rene fra det urene som er i naturen, substansen som inneholder lidelsens og fordervelsens materie. Offeret, eller det som er blitt utskilt, består av brød og vin.

Brødet betyr bokstavelig talt materien, substansen som inneholder alt. Vinen for den substansen som gir alt Liv.

En prest i Melkisedeks orden er derfor en som vet hvordan den altomfattende og vitaliserende substansen skal skilles fra den urene materien. En prest i Melkisedeks orden, er en som vet hvordan han skal bruke den urene materien som et middel for forsoning og gjenforening av den falne menneskeheten. En som vet hvordan man kommuniserer menneskets sanne og kongelige privilegium som er å herske over naturen, og som har den geistlige verdigheten eller evnen til å forene seg med de øvre verdenene gjennom barmhjertighet.

I disse få ordene ligger alle mysteriene til Guds presteskap og prestens virke og mål.

Dette kongelige presteskapet var imidlertid først i stand til å nå fullkommen modenhet da Jesus Kristus selv, som yppersteprest, hadde gjennomført det største av alle ofre, og hadde gått inn i det aller helligste.

Vi står nå på terskelen til nye og store mysterier, mysterier som er verdig vår fulle oppmerksomhet.

Da det i henhold til Guds visdom og rettferdighet var bestemt å forløse den falne menneskeheten, måtte Guds visdom velge den metoden som på alle måter gir det mest virkningsfulle middelet for oppfyllelsen av dette store formålet.

Da mennesket ble forgiftet av korrupsjonens frukter og bar dødens gjæringsprosess i seg, ble alt omkring ham underkastet død og ødeleggelse. Derfor måtte den guddommelige barmhjertigheten skape en medisin. Et botemiddel som kunne tas på den samme måten.

Dette middelet inneholdt den guddommelige og revitaliserende substansen, slik at det forgiftede og dødelige mennesket, ved å spise denne udødelige føden, kunne helbredes og løses fra sine lidelser.

For igjen å kunne plante livets tre her nede, måtte den forgjengelige materien i jordens indre regenereres først. Den måtte forvandles, og igjen bli en universell, vitaliserende substans.

Denne evnen til nytt liv, som medførte oppløsningen av den forgjengelige essensen som er inne i jordens indre; kunne bare virkeliggjøres om den guddommelige, vitale substansen ble til kjøtt og blod. Den måtte deretter overføre livets skjulte krefter til den døde naturen. Dette skjedde ved Jesu Kristi død.

Denne guddommelige kraften som fløt fra hans blod, trengte ned i jordens indre og vekket de døde, kløvde klippene, og forårsaket total formørkelse av solen. Den trengte ut fra jordens indre, og lyset trengte gjennom det sentrale mørket til kjernen. Der la det fundamentet for verdens fremtidige forherligelse.

Etter Jesu Kristi død arbeidet og gjæret den guddommelige kraften som ble drevet inn i jordens indre gjennom hans blod. Den forberedte alle substanser for den store naturkatastrofen som ventet verden.

Verdens regenerasjon var imidlertid ikke forløsningens eneste formål.

Mennesket var hovedmålet for utgytelsen av Kristi blod. Hans blod ble gitt til menneskeheten. Selv i denne materielle sfæren ble fullkommengjørelse mulig gjennom hans vesen. Derfor underkastet Jesus Kristus seg uendelige lidelser. Han er verdens og menneskenes forløser. Formålet med og årsaken til hans inkarnasjon, var å forløse oss fra forvillelse, lidelse og død.

Jesus Kristus har forløst oss fra alt ondt ved legemet han ofret, og ved blodet han utgjøt for oss.

Gjennom å forstå hva dette legemet og blodet er, ligger den sanne og rene vitenen om menneskets virkelige regenerasjon.

Foreningsmysteriet om foreningen med Jesus Kristus, ikke bare åndelig, men også legemlig, er den indre kirkes fremste mål. Å bli ett med ham i ånd og vesen er fullbyrdelsen av de utvalgtes anstrengelser.

Det middelet som fører til fullkommen forening med Gud er skjult for verdens vismenn, men er åpenbart gjennom det enkle barnesinnet.

Forfengelige filosof; bøy deg i støvet for de storartede og guddommelige mysteriene som du i din visdom ikke kan begripe. Bøy deg for hemmelighetene den menneskelige fornuftens svake lys, formørket av sansene, ikke kan fatte.

SJETTE BREV

Gud ble menneske for å gjøre mennesket til Gud. Himmelen forente seg med jorden for at jorden skulle kunne bli som den opprinnelig var. For at denne guddommelige transformasjonen skal kunne finne sted, kreves det en fullstendig og fundamental forandring av vesenet vårt.

Denne forandringen er å bli født på ny.

Å bli født innebærer å komme inn i den verdenen som sansene dominerer, og hvor visdom og kjærlighet lider i individualitetens lenker. Å bli gjenfødt betyr å vende tilbake til en verden hvor visdommens og kjærlighetens ånd hersker og hvor dyremennesket adlyder.

Å bli født på ny er en trefoldig prosess. Først fødes intelligensen på ny, deretter hjertet og viljen, og til slutt hele vårt vesen. Den første og andre kalles åndelig, og den tredje er den legemlige.

Mange gudelige mennesker, som søker etter Gud, er blitt regenerert i bevisstheten og i viljen, men få har kjent den nye legemlige tilværelsen. De få som har tatt del i denne, fikk den bare for at de skulle kunne virke som Guds representanter i overensstemmelse med de høye formål og store planer, som er å lede menneskeheten nærmere sann tilfredshet.

Mine kjære brødre; det er nå viktig å forklare den sanne gjenfødselen for dere. Gud, som er all styrke, visdom og kjærlighet, virker alltid i orden og harmoni. Den som ikke vil motta det åndelige livet, den som ikke vil fødes på nytt gjennom herren, kan ikke komme inn i himmelen. Mennesket avles gjennom sine foreldre i arvesynden. Det vi si at det fødes i det naturlige livet, ikke i det åndelige.

Det åndelige livet består i å elske Gud over alt annet, og din neste som deg selv. I denne doble kjærlighetserklæringen ligger kilden til det nye livet.

Mennesket fødes i fordervelse, i kjærlighet til seg selv og til det som er i denne verden. Selvkjærlighet, selvinteresse, selvtilfredsstillelse. Dette er det ondes kjerneegenskaper.

Det gode ligger i kjærligheten til Gud og medmennesker, gjennom ikke å ta del i annen kjærlighet enn kjærligheten til menneskeheten, gleder over alles velferd.

Det er gjennom slike følelser at ånden i Guds barn skiller seg fra ånden til barna av denne verdenen. Å bli født på ny betyr å forandre denne verdenens ånd til ånden hos Guds barn, å kle av seg det gamle mennesket og ikle seg det nye.

Intet menneske kan imidlertid bli gjenfødt hvis det ikke kjenner og praktiserer de følgende grunnreglene; nemlig at sannheten er vår tro, og at det gode er vår praksis, samtidig som vi unnlater å gjøre noe som helst. Den som vil bli født på ny må derfor først vite hva dette betyr.

Han bør forstå, meditere og reflektere over alt dette. Etter det bør han handle i henhold til kunnskapen han har fått. Resultatet av dette vil bli det nye livet.

Først og fremst er det viktig å bli instruert i alt som har med den nye fødselen å gjøre, og til dette kreves det en lærer eller en instruktør. Kjenner vi en slik lærer, må vi ha tillit til ham; for hva er en lærer verdt om eleven ikke har tillit til ham? Derfor er begynnelsen på den nye fødselen tuftet på tilliten til åpenbaringen.

Disiplene bør begynne med å tro at herren, altså sønnen, er Guds visdom at han er fra Gud i evigheten, og at han kom til denne verden for å gi menneskeheten fred. Han bør tro at herren har all makt i himmelen og på jorden, og at all tillit og kjærlighet, alt som er sant og godt, stammer fra ham - at han er menneskehetens mellommann, forløser og leder.

Når denne høyverdige troen har slått rot i oss skal vi ofte tenke på forløseren. Hans nåde vil åpenbare de syv latente og åndelige kreftene slik at de våkner i oss. Dette skjer ved at vi vender våre tanker mot ham

Veien til fred. Ønsker du, menneske og broder, å oppnå den høyeste mulige tilfredshet? Søk da sannhet, visdom og kjærlighet. Du vil imidlertid ikke kunne finne disse uten å være forent med herren Jesus Kristus, Guds salvede. Søk derfor Jesus Kristus med all din styrke, søk ham med hele ditt hjerte.

Begynnelsen på hjertets oppstigning ligger i erkjennelsen av at det er tomt. Fra denne erkjennelsen kommer behovet for en høyere kraft, for å kunne søke ham, og dette er begynnelsen på troen. Tro gir tillit, men tro må også modnes.

Først kommer den historiske troen, så den moralske, så kommer den guddommelige og til sist den levende troen. Rekkefølgen er følgende: I den historiske troen, lærer vi gjennom historie og åpenbaring at det fantes et menneske som het Jesus fra Nasaret, og at han var et spesielt menneske på grunn av sin ekstraordinære kjærlighet til menneskeheten. Vi lærer videre om alt det gode han gjorde, og livet han levde. Med andre ord var han det beste mennesket, og han fortjener ikke bare vår fulle oppmerksomhet, men også vår fulle kjærlighet.

Fra denne enkle historiske tilnærmingen til troen på at Jesus fantes, vil den moralske troen utvikle seg. Utviklingen av denne består i å tilegne seg sømmelighet gjennom søken og utøvelse, slik at vi finner sann glede i alt som dette mennesket lærte oss. Vi ser at hans enkle lære er full av visdom og kjærlighet, og at hans hensikter med menneskeheten er oppriktige og sanne. Vi ser han gikk frivillig i døden for rettferdighetens skyld. Troen på hans person følges av troen på hans guddommelighet.

Denne samme Jesus Kristus forteller oss nå at han er Guds sønn, og han understreker sine ord med mirakler, gjenoppstandelse, og ved å undervise sine disipler i naturen og religionenes høyeste mysterier.

Her forandrer naturens og fornuftens tro seg til guddommelige tro, og vi begynner å tro at han var Gud forvandlet til menneske. Denne troen medfører at vi har tillit til det vi enda ikke forstår, at det han sier vi skal tro, er sant. Gjennom denne troen på Jesu Kristi guddommelighet, gjennom fullstendig overgivelse til ham og fullkommen oppmerksomhet overfor hans lover, fremkalles til sist den levende troen. Denne gjør at vi erfarer sannheten gjennom våre egne indre erkjennelser.

Alt vi til da har trodd, med et barns tillit, er da blitt den levende troen; bekreftet gjennom erfaring, som er den høyeste av alle trosformer. Da hjertene har åpnet seg for Jesus Kristus gjennom den levende troen, tennes verdens lys i oss som i en enkel stall. Alt i oss er urent, omgitt av forfengelighetens spindelvev, dekket av sanselighetens slam.

Vår vilje er som oksen som tynges av grådighetens åk. Fornuften er eselet som er hemmet av sine fastlåste meninger, sine fordommer og sine dumheter. I denne triste og forfalne stallen, alle dyriske grådigheters hjem, kan Jesus Kristus bli født i oss gjennom tro.

Våre enkle sjeler utvikler seg fra å være hyrdene som gav ham de første offergavene; til å bli de tre viktigste kreftene som utgjør vår kongelige verdighet: Fornuft, vilje og gjennomføringsevne. De er da blitt de tre vise menn som kaster seg ned foran ham med gavene sannhet, visdom og kjærlighet.

Litt etter litt forvandles våre hjerters stall til et ytre tempel, der Jesus Kristus underviser. Dette tempelet er imidlertid fortsatt fullt av skriftlærde og fariseere. Pengevekslerne og dueselgerne er fortsatt i tempelet, men disse må drives ut slik at tempelet kan bli et gudshus.

Litt etter litt styrker Jesus Kristus alle de gode krefter i oss for å forkynne ham. Han helbreder vår blindhet, renser oss for spedalskhet, og vekker de døde kreftene i oss, slik at de blir til levende kraft. Han blir korsfestet i oss, han dør og han gjenoppstår som en erobrer i oss. Hans væren lever i oss, han underviser oss i de opphøyde mysteriene til han har gjort oss fullkomne, og klare for den fullstendige regenerasjonen. Etter dette stiger han til himmelen for å sende oss sannhetens ånd.

Før denne ånden kan virke i oss, må vi imidlertid gjennomgå noen forandringer.

Først løftes forståelsens syv krefter opp i oss, og så hjertets eller viljens syv krefter, og denne opphøyelsen skjer på følgende måte:

Den menneskelige forståelsen er inndelt i syv krefter.

Den første er å se objekter utenfor oss selv - *intuitus*.

Ved hjelp av den andre sanser vi gjenstandene som vi ser dem - *apperceptic*.

Ved hjelp av den tredje reflekterer vi over det vi har sanset - *reflexio*.

Den fjerde er å vurdere disse gjenstandene i deres mangfold - *fantasia, imaginatio*.

Den femte er beslutningen vi tar - *judicium*.

Den sjette samordner alt etter forholdene de har til hverandre - *ratio*.

Den syvende og siste er evnen til å erkjenne helheten - *intellectus*.

Denne siste inneholder så å si summen av alle de andre delene.

Menneskets vilje består av syv krefter. Til sammen utgjør de en helhet:

Den første er evnen til å begjære noe utenfor seg selv - *desiderium*.

Den andre er å fokusere mentalt på det man begjærer - *appetitus*.

Den tredje er evnen til å gi kraften form og fatte den for å tilfredsstille begjæret - *concupiscentia*.

Den fjerde er å kjenne tilbøyelighetene uten å beslutte å følge noen av dem - *passio*.

Den femte er evnen til å fatte en beslutning for eller mot noe; frihet - *libertas*.

Den sjette er valget eller den beslutningen som tas - *electic*.

Den syvende er evnen til å gi det man velger eksistens - *voluntas*.

Denne syvende kraften inneholder på samme måten alle de andre.

Forståelsens, hjertets og viljens syv krefter, kan imidlertid foredles og opphøyes. Dette skjer gjennom at vi tar Jesus Kristus til oss som Guds visdom. Vi gjør ham til leder for fornuften, og gjør hele hans liv, som var uendelig kjærlighet, til drivkraften i viljen.

Vår forståelse formes da etter Jesus Kristus.

For det første: Når vi ser ham i alt slik at han blir motivet for alle våre handlinger - *intuitus*.

For det andre: Når vi ser hans handlinger, hans tanker og hans ånd i alt - *apperceptio*.

For det tredje: Når vi reflekterer over det han sa i alle våre tanker, og når vi tenker som han ville ha tenkt - *reflexio*.

For det fjerde: Når vi handler som om hans tanker og hans visdom er den eneste kilden til fantasi - *fantasia*.

For det femte: Når vi avviser alle tanker som han ikke ville ha hatt, og når vi bare velger dem som kunne vært hans - *judicium*.

For det sjette: Når vi koordinerer og modellerer alle våre tanker og vår ånd etter hans tanker og hans ånd - *ratio*.

For det syvende: Når det skjer at det som et resultat av de øvrige, fødes et nytt og et strålende lys i oss, som overgår sansers og fornuftens lys - *intellectus*.

Vårt hjerte omdannes på samme måten når vi støtter oss til ham - *desidare*.

Når vi for det andre bare lengter etter ham - *appetere*.

Når vi for det tredje bare begjærer ham - *concupiscere*.

Når vi for det fjerde bare elsker ham - *amare*.

Når vi for det femte bare velger det han er, og unngår alt han ikke er - *eligere*.

Når vi for det sjette bare lever i harmoni med ham, i samsvar med hans bud, former og ordre - *subordinare*.

For det syvende, når alt dette har ført til en fullkommen forening av vår og hans vilje, slik at vi er i Jesus Kristus, som én følelse og ett hjerte. Ved denne fullkomne foreningen fødes vi som det nye mennesket. Den guddommelige visdommen og kjærligheten forener seg i oss, i form av det nye åndelige mennesket, der troen er innsikt. Alle verdens skatter er som aske i forhold til verdien av denne levende troen.

Denne besittelsen av Gud, Kristus i oss, er alle mysterienes kjerne. Alle de høyeste religiøse mysteriene fullbyrdes i denne.

Guds kongerike er sannhetens, moralens og fredens kongerike. Det virker fra det innerste til det ytterste, og sprer seg gradvis til alle nasjonene gjennom Jesu Kristi ånd. Den oppretter én orden over alt, som det enkelte mennesket kan nyttiggjøre seg. Vår menneskelige natur kan heve seg til den høyeste fullkommenhet, og den syke menneskeheten kureres for alle svakheter og onder.

Slik vil Guds kjærlighet og ånd en dag vitalisere hele menneskeheten. De vil vekke dem og blåse liv i menneskehetens styrke, de vil føre menneskeheten mot visdommens mål og sette dem inn i riktige forbindelser.

Fred, troskap, trygghet, og kjærlighet mellom nasjonene vil være de første fruktene av denne ånden. Sann og ekte inspirasjon fra det gode, avspent opphøyelse av sjelen, og hjertevarme uten urolig utålmodighet, vil til sammen forsone og forene hele menneskeheten. Menneskeheten som har vært atskilt så lenge på grunn av uoverensstemmelser, og som har vært spent opp imot hverandre gjennom fordommer og feiltagelser.

Så vil alle, liten som stor, fattig som rik; prise kjærlighetens fader, i ett stort naturtempel.

www.ingramcontent.com/pod-product-compliance
Lightning Source LLC
Chambersburg PA
CBHW060347100426
42812CB00003B/1159